二十一年
扶贫路上的脚印

ERSHIYI NIAN
FUPIN LUSHANG DE JIAOYIN

陈伟星 著

西北大学出版社
·西安·

图书在版编目(CIP)数据

二十一年扶贫路上的脚印 / 陈伟星著. --西安：西北大学出版社，2020.4
ISBN 978-7-5604-4258-7

Ⅰ. ①二… Ⅱ. ①陈… Ⅲ. ①扶贫—工作概况—中国 Ⅳ. ①F126

中国版本图书馆 CIP 数据核字(2020)第 059071 号

二十一年扶贫路上的脚印

陈伟星 著

西北大学出版社出版发行

（西北大学校内　邮编：710069　电话：029-88302621　88303404）
http://nwupress.nwu.edu.cn　　E-mail: xdpress@nwu.edu.cn

新华书店经销　陕西龙山海天艺术印务有限公司印刷
开本：787 毫米×1092 毫米　1/16　印张：15.25

2020 年 4 月第 1 版　2020 年 4 月第 1 次印刷
字数：204 千字

ISBN 978-7-5604-4258-7　定价：50.00 元

如有印装质量问题，请与本社联系调换，电话 029-88302966。

自 序

岁月不居，时节如流。一九九九年四月至今，受西北大学委派踏上扶贫路，凡二十又一年矣！

从黄土高原的合阳县到山川秀美的商州区，一路走来，秉持"公诚勤朴"校训，厚植为民情怀，践行初心使命。先后帮扶皇甫庄村、看山寺村、兴龙村、安村和黄山村，受益脱贫群众达数千人之多。一路走来，双脚沾着泥土，留下一名扶贫工作者深深而坚定的脚印。

二十一年来，我们始终把教育帮扶放在首位。通过捐建小学校舍，捐赠教学、体育器材，改善农村基础条件；通过教师培训交流，不断提高教学水平，为农村基础教育夯实基础。关爱留守儿童，捐赠学习用品、书籍，奉献"西大人"的爱心；资助各级各类学生，鼓励他们刻苦学习，成就人生梦想，带动家庭脱贫，拔掉穷根，阻断穷困代际相传。驻黄山村帮扶六年间，不足千人的黄山村，走进高等学府继续深造的学生达51名；48个家庭彻底摆脱贫困，蓄积满满正能量，业已形成人人奋力拼搏、家家重视教育的浓厚氛围。

二十一年来，我们始终把产业帮扶作为核心。通过技术培训与田间指导，巩固提升传统产业持续健康发展。无论是合阳苹果，还是商州区三个村的中药材、核桃、传统养殖产业，从业者的技能、管理水平、产业收益较前得到了较大提升与发展。通过科学论证，示范引导，推进樱桃、皂角、花椒和林下散养土鸡产业，探索培育新产业，提高产业脱贫成色。通过"三社两会一联营"模式，探索构建"党支部＋集体经济＋合作社＋农户"带贫益贫长效机制。通过奖补政策，促进落实脱贫产业，推进"4＋×"产业落地生效，惠及百姓。

二十一年来，我们始终坚持激发群众的内生动力，将扶贫、扶志、扶智、扶技有效紧密结合，协调推进。在实践中创新"五动工作法"，积极做好"动"字文章，将扶志、扶智、扶技融于具体产业、就业之中，内化于心，外化于行，有效克服"等靠要"思想，使群众自愿自觉投身于劳动之中，用勤劳与汗水脱贫致富，创造美好生活。

脱贫攻坚以来，我们加强扶贫工作组织领导，在学校党委统一领导下，集中全校力量投入脱贫攻坚，形成强大工作合力，从人力、物力、财力、政策等诸多方面给予强力保障。党政领导率先垂范，动员组织各级党委、各单位部门参与脱贫攻坚，践行初心使命，锤炼党性，锻炼培养干部。正是有校党委的坚强领导、全校师生的关心支持与参与，我才有坚定的信心、坚强的后盾，持续行进在扶贫路上，努力完成脱贫攻坚任务。

脱贫攻坚以来，我们紧密团结村两委会一班人，紧紧依靠群众，常态化宣传、精准化落实脱贫攻坚政策，补短板，强弱项，着力解决"两不愁三保障"突出问题，使贫困群众在住房、饮水、医疗、教育、产业、就业等诸多方面有了较大改善，最终达标脱贫。群众精神面貌焕然一新，蓄积起强大的内生动力，共同迈向小康之路。这些成绩，不仅是我的，更多地凝结着脱贫攻坚四支队伍和广大群众的智慧汗水与辛勤付出。我一直心存真诚的感谢感激。

脱贫攻坚以来，我一直坚守驻村，与黄山村的干部群众生活在一起。不是黄山人，胜似黄山人。这里的山山水水、沟沟坎坎，都留着我和我们"西大人"坚定的脚印。干部脚上有土，群众心里不堵。我用一双脚缩短与群众的距离，用情、用心与干部群众建立起亲人般的深厚情谊，成为群众的"自己人""知心人"，也从他们身上学到了坚强、勤劳、节俭、自强的高尚品德，这使我受益终生。

坚守行进在扶贫路上，我深刻体悟到农民的不易，更是懂得了农业、农村与农民，自己也愈来愈像个"农民"，居于农家陋室，食简灶农家饭。农村不及城市，但这里亦有城市不及的新鲜空气、安全食品和纯朴厚道的乡亲。农村需要干部，干部需要农村。在农村工作，用所学所知服务群众，帮助群众改变观念，提高技能，改善生活。在这个过程中，我长期接受群众教育，心灵得到净化，心智得到启迪。扶贫路上，经历很多。有朗朗的笑声，有委屈的泪水，有成功的自信，有失败的警醒，每一段经历注定珍贵。我深知，生命的丰盈缘于内心的无私，生活的美好缘于一颗平常心。唯有踏踏实实做事，简简单单做人，如此才好。

扶贫路上也曾获得赞誉，这赞誉不仅仅属于我，更属于在我身后默默支持我的领导、同事、家人和朋友，这是一家人的荣光，是全体西大人的荣光。

"半生伴农雪头翁，云卷云舒沐春风。知行万里难辍足，老牛蹄疾耕田中。"扶贫倾我半生时光，是人生一笔宝贵财富。扶贫路上洒下了汗水与泪水，也留下了一串串深深的脚印，记录着带有温度的点滴生活。曾有意用文字记录我的所见所闻、所作所为、所思所想，鉴于文字水平和时间有限，一直未曾动笔。己亥年夏，常江副校长来电话鼓励，让我以札记形式写写扶贫路上的故事。受此鼓励，在脱贫摘帽繁忙工作之余，抽借八小时之外时间怵然动笔。原稿带回家，所有文字都由我爱人于爱华女士一字一字输入，一字一字校对，非常感激。

全部文字以时间为序，尽量以平实的语言，记录每个平凡的故事。由于本人文字水平有限，错误不当在所难免。怀虔诚之心，敬请大家不吝赐教，不胜感激！

陈传星

己亥年腊月二十八日

目　录

- 自　序 …………………………………………… 1

- 怀念母亲 ………………………………………… 1
- 踏上扶贫路 ……………………………………… 5
- 皇甫庄苹果 ……………………………………… 9
- 黑夜，教室里的响声 …………………………… 11
- 杨校长眼里的泪花 ……………………………… 14
- 看山寺小学的教学楼 …………………………… 16
- 老陈，我背你过去 ……………………………… 18
- 山沟里有个面粉厂 ……………………………… 22
- 樱桃示范园 ……………………………………… 25
- 西大学子三下乡 ………………………………… 28
- 转战兴龙村 ……………………………………… 32
- 求教"核桃王" ………………………………… 36
- "核桃王"来大荆 ……………………………… 39
- 铜川帮扶 ………………………………………… 43
- 走进黄山村 ……………………………………… 47

- 党群活动中心 …………………………… 50
- 修　路 …………………………………… 53
- 贫困户重新识别 ………………………… 57
- 安全饮水 ………………………………… 60
- 安全住房 ………………………………… 63
- 产业扶贫，光伏认领 …………………… 66
- 食用菌的成与效 ………………………… 69
- 支教成才，拔穷根 ……………………… 72
- 培养特色产业 …………………………… 76
- 住二层楼还是贫困户 …………………… 80
- 牵挂南沟贫困户 ………………………… 83
- 黄山三个"老小伙" ……………………… 86
- 修　桥 …………………………………… 90
- 黄山村百岁老人 ………………………… 93
- 林下散养土鸡 …………………………… 95
- 栽植药用皂角 …………………………… 99
- 朝天椒与菊芋 …………………………… 103
- 女强人陈芳 ……………………………… 107
- 黄山村的老四们 ………………………… 110
- 产业科管促增收 ………………………… 114
- 黄山村的好媳妇 ………………………… 118
- 优秀党员李改宪 ………………………… 122
- 返乡创业青年 …………………………… 126

- 优秀党支部书记马平娃 …………………131
- 西大学子在黄山村的一堂思修课 …………134
- 义　诊………………………………………137
- 农产品进西大 ………………………………140
- 五动工作法 …………………………………144
- 五届重阳节 …………………………………147
- 扶志扶智……………………………………151
- 西大老教授 …………………………………154
- 解难题的周书记 ……………………………157
- 环境卫生整治 ………………………………161
- 农民"四难" ………………………………164
- 扶贫路上西大人 ……………………………167
- 教育和产业是根本 …………………………171
- 结对帮扶西大情 ……………………………175
- 联户帮扶模式 ………………………………180
- 好　人………………………………………183
- 集体经济探索 ………………………………186
- 入户走访……………………………………189
- 引导中药材种植 ……………………………193
- 养成学习习惯 ………………………………197
- 坚　持………………………………………200
- 我的家………………………………………204
- 静夜思之后续帮扶 …………………………208

- ▶ 静夜思之基层组织建设……………………… 210
- ▶ 战疫情　保春耕…………………………… 211

- ▶ 附录一　扶贫工作大事记
  （1999.4—2019.12）………… 214
- ▶ 附录二　黄山村贫困识别精准帮扶
  与脱贫退出………………… 219

- ▶ 后　记……………………………………… 229

怀念母亲

母亲离开已经两年多了！每逢过节或是闲暇独处时，思念之情油然而生。母亲的音容笑貌，与我相处时的点点滴滴，时时浮现眼前，愧疚、遗憾在心中涌动，泪水不由自主滚落脸颊。

2017年春，陕西省进入脱贫攻坚整改阶段，贫困户数字清洗，重新识别，按照"十不进、十不退"的标准，逐户调查、核实，组群众评议公示，村组织群众代表进行民主评议、结果公示，再报镇政府公告，无异议后，报区政府核准。工作异常繁杂忙碌，的确是"五加二、白加黑"，整天忙得晕头转向。

当时，我右肩部有一个粉瘤化脓，穿衣脱衣时钻心地痛，我咬牙坚持着没去治疗。干部群众看在眼里，疼在心上，劝我回去治疗，我依然坚持到完成村组评议公示，报镇政府公告，才返回西安就医。

在省医院，我拒绝了医生的手术建议，于是医生开了10天的吊瓶、外涂药还有棉签纱布。我拿着一大包径直去看母亲。母亲高兴坏了，问寒问暖，一会摸摸手，一会摸摸头，"想吃啥？娃瘦了"。又开始重复着"弄啥都要注意安全""把身体弄好，娃还小""把公家事要当事"……没想到，这些几乎每次见面都要叮嘱的话，竟成了最后的叮咛！

当晚我陪在母亲身旁。第二天早上，天未亮，听到母亲反复咳嗽、吐痰，我起来开灯一看，母亲吐的竟是鲜血！我吓坏了，急忙叫起住在隔壁屋的二姐,把母亲用轮椅送到中铁一局医院看急诊,紧急止血,打吊瓶。母亲稍微平稳一些,紧闭双目,轻轻地说:"伟星,妈不要紧,你走吧,这有你姐她们,妈都90了,老了就老了。"二姐也催我走,我打电话通知我哥、大姐他们速来医院后,就匆匆回村了。

村里的事依然繁杂忙碌,早饭时我请郭文书给我抹药,午饭时挂上吊瓶,每到晚上停顿下来,才有时间打电话询问母亲的情况。得到"还是老样子"的回答,心中稍获一丝安慰。白天,忙碌冲淡了忧虑与不宁,夜晚,黑暗、恐惧把我裹得严严实实,令人喘不过气。在胡思乱想中,我不知何时入睡。

每天超负荷地工作,背后脓疮隐隐作痛,我内心充满家中突然来电话的恐惧与煎熬。6月21日下午3时,三姐可怕的电话打来了:"你赶紧回来吧。"我自然明白这话中意味着什么。身边的村干部、群众看着我木然的样子,王支书抢先说:"老陈,你放心,赶快回吧,这里有我们。"我猛然回过神,简单说了几句话,就拨通了平时往返常坐的拼座车司机的电话:"老郭,到黄山接我回西安,有急事。"车很快来了,我急急忙忙踏上归途。路上,三姐打来两次电话,只问:"到哪了?快点!"

路还是那条路,还是那些里程,但今天总感觉路变得很长很长,车太慢太慢。我不断央求郭师傅开快点,郭师傅开玩笑说:"老陈,咱这不是飞机!"他转头看到我脸上的泪珠,好似读懂了什么,一路无语。我心中泛起各种可能的情形,心里祈祷着:"妈妈,你等着我!"突然老郭说:"老陈,马上进城了,按说我应该送一下你,但这时候是下班高峰期,这车慢,我把你拉到十里铺路边的摩托堆里,你坐摩托车走二环过去,最快。"我默然同意。老郭直接把我拉到十里铺路边的摩托堆里,并帮我叫了一辆摩托车。

摩托飞速地穿梭在二环的车流中,我紧紧搂着司机的后腰。大约20分钟后,我到达中铁一局医院。下车后我直奔电梯口,可这等电梯的一分钟，怎么显得那么长呢?我终于来到母亲病床前，母亲双目紧闭，喘着粗气。

"妈，我回来了，您醒醒呀!"可母亲纹丝不动，依然紧闭双目，喘着粗气。伴随着我的哭泣，满屋的人都在低声抽泣。我们大家都静静地注视着母亲，晚间医生来视，"你母亲已深度昏迷了，你们要有思想准备。"于是，三个姐姐回家取来了寿衣，晚上我和大哥守在病房，中途母亲拉了三次鲜血，医生说是肝硬化引起消化道出血。6月22日5时59分，母亲永远离开了我们。

安葬完母亲，过了头七我又回到村里继续工作。母亲的二七、三七、四七，我都是在村里烧纸遥祭。五七，我与兄姐几个去公墓祭奠母亲，那天，天气阴沉，细雨蒙蒙，我们几个在墓前放声大哭，感念父母养育我们的艰辛与不易，悔恨作为儿女的不孝。

母亲离开我们两年多了，但音容宛在，难以忘却。母亲是农妇出身，后随我父亲进城，没有什么文化，但她常常絮叨给我的话语，尽管浅显通俗，但至理至深，已融入我的血液之中，令我受益终生。母亲常说："活着要孝顺，不必死后敬鬼神。"于是我只要有空，每周或十天都要回去看看她，买些好吃的，陪她说说话。所谓好吃的，都是母亲平时舍不得买的普通的水果副食，我带了去她总是留下给大家分享。她常说："人有大小，口无大小。"这使我懂得了什么是孝顺，什么是分享。我每次回家看望母亲时，院子里的叔叔阿姨都会竖起大拇指："陈嫂的小儿子看她妈妈来了，孝顺儿子。"我当时有些飘飘然，现在想来，所谓孝顺，未曾陪侍身边，未曾早进茶膳晚点灯。父亲走后十年里，母亲几乎都由保姆陪伴，我深感惭愧。

母亲言传身教，使我养成节俭的习惯。当用不省，当省不用。曾经一件衬衣穿了八年，只要干净就好，从不好意思到甚至反感穿新衣服；也不曾浪费粮食，一日三餐，粗茶淡饭，只要可口即好。这是从母亲那里传承的习惯，也在我后来十六年的糖尿病饮食控糖中起到了至关重要的作用。母亲每次都叮嘱饮食，让我注意身体。因为我从小体弱，又患糖尿病，老人家更是担心牵挂。今日思来，唯一没有遵从母训的就是吸烟。烟依然抽着，不好，还是要早些戒掉。

母亲常常告诫我说，要把公家事当个事，好好干。对此，我一直遵从坚守，守本分，凭良心，努力干，从不投机取巧，不给家人丢脸，更不愿给"西北大学"这个金字招牌抹黑，从这一点来说，我可以很有底气地告慰母亲在天之灵。我先后入选陕西省教育系统身边好老师、陕西好人榜、中国好人榜，这不仅是肯定与荣誉，更是鼓励与鞭策。

树欲静而风不止，子欲孝而亲不待。与母亲阴阳两隔，相见梦中，现在才有真正体悟。

愿天堂没有病痛，永享安宁！母亲，安息吧！

踏上扶贫路

1999年4月25日，西北大学华特总部总经理张俊录老师找我谈话，说是学校有意派我接替曹琨昌老师去扶贫，地点在合阳县皇甫庄镇皇甫庄村，征求我的意见，也再三让我回去征求家里人的意见。

当时，我在西大华特总部负责产品销售。主要负责一个转化宋迪生、王慧珍两位教授科研成果的产品，产品主要是用于文物防腐保护以及农作物、果树病害防控的杀菌剂、叶面肥。由于业务需要，我经常往来农村，在田间地头、果园做试验、观摩。或许因为我熟悉农村农业，学校才提议派我做扶贫工作。我回家与身怀六甲、休养待产的妻子说明情况，征求她的意见。她犹豫再三，说："也要照顾好家，你想去就去吧！"于是，我服从组织安排，踏上了扶贫之路。真没想到，这一干就干了二十多年，虽然几经转战，换过4个村，但我依然坚守奋战在扶贫一线。我曾戏言，我在中国三农大学三秦学院学习，攻读扶贫专业，学制大约20年，而且没学位证，也不发文凭。

起初我对扶贫没有什么概念，谁贫？扶谁？怎么扶？一头雾水，真是老虎吃天，无法下爪。但一诺重千金，不能当逃兵。咋办呢？我先去找曹琨昌老师，向他求教。曹老师非常热心，讲得很仔细，我也听得很认真。那时，我才知道什么是"两联一包"扶贫。所谓"两联"，就是联系一个县一个镇；"一包"，就是包扶一个村。当时，西北大学是陕西省水利厅扶贫团成员单位，水利厅是牵头单位。扶贫的日常工作由牵头单位负责指导监督。曹老师着重介绍了西北大学前几年扶贫工作的重点——捐资助学，并表示其中重点工程是 1998 年投建的皇甫庄中心小学教学楼。教学楼的落成，极大改善了该校的教学条件，赢得了师生和广大群众的赞许。然而，遗憾的是，在举办落成庆典文艺演出时发生意外，造成群众伤亡，大喜大悲。说到这里，曹老师表情凝重，再三告诫我，办任何事一定要注意安全，安全大于天。此话深深地烙在我的脑海，在后来的扶贫工作中，我的安全弦始终紧紧绷着。

1999 年 4 月 29 日，合阳县召开年度"两联一包"扶贫工作会议。作为西北大学选派的扶贫新兵，我第一次与全团各单位扶贫战友见面，第一次见到团长——水利厅吴志贤巡视员，更是第一次以扶贫人的身份参加合阳县扶贫工作会议。会上，合阳县领导总结了 1998 年的工作，安排了 1999 年的工作，吴团长强调了几方面的重点工作，明确了几点要求。午餐时，吴团长与我交谈起来。吴团长是铜川人，有着浓厚的陕西口音，语速较慢，平易近人，没有一点架子，我的紧张一下子消失了。我俩很谈得来，谈话令我受益匪浅。下午，会议安排分组讨论，每组由一名县领导牵头，所属乡镇党政负责人与参扶单位人员一起讨论。我们这一组的县领导是赵英歌副县长，各单位先一一介绍，相互握手。赵县长握着我的手说："合阳与西北大学有感情，先前有戴县长，现在齐县长还在这儿。扶贫工作在皇甫庄搞得很不错，感谢你们。欢迎你来继续帮助我们。县上、镇上会全力配合工作，解决你们工作和生活上的困难。"赵县长很亲切，很温暖，他对西大的感激之情，溢于言表。

这次会议正式拉开了我的扶贫工作的序幕，接下来就是认门认人。镇组织专干老魏是皇甫庄村人，他很热情，很快找来村支书、镇教育专干老王、小学李校长等七八个人，我们围绕需要帮助什么、能做什么、怎样做几个方面交谈起来，最终确定重点是教学设备的捐赠补充、教师的培训学习和苹果生产技术的培训指导。现在想来，那时抓教育、产业非常正确，抓到点子上了。既能发挥西北大学的科教优势，又立足实际，着眼长远。

西北大学历来很重视扶贫工作，我向主管领导戴仓定汇报相关情况后，他指示后勤、设备处，凡退下来可用、适用的桌凳，以及教育教学设备，与我对接，优先捐赠合阳皇甫庄扶贫。记得三年间，西北大学给皇甫庄镇村小学捐了不少桌凳、黑板、体育器材。尽管是更新退下来的，有些陈旧，但不失其使用价值，村里的老师和学生很喜欢，很高兴。老师们在满院桌凳中挑选一对桌椅，用来更换自己宿办合一的房间里那张用砖头支的办公桌和补了一条腿的凳子。挑中满意的，老师们满脸微笑，爱不释手。每当看到这样的情形，我心里不由发酸，对在农村艰苦的条件下仍坚守教育一线的老师们的敬佩，油然而生。正是他们坚守在农村教育一线，撑起了基础教育的一片蓝天。

从合阳皇甫庄村、铜川黄堡镇安村，一直到商州区看山寺村、兴龙村，搜集、维修、装运陈旧而农村急需的桌凳与教学设备，从没有间断，由此我也获得了"破烂王"的绰号。当然，西北大学每年也都会安排一部分经费资助，向留守在村的孩子们捐赠全新的书包、文具、校服，鼓励他们好好学习，改变自己，改变家庭。

合阳三年扶贫期间，每年秋季我会组织村里的老师前往西大附中、附小参观学习，与同年级老师一起备课、听课，学习教学方法与技巧，也组织过一期优秀学生来西北大学交流，开展"小手拉小手"活动。这对农村师生开阔眼界、交流提高很有帮助。组织师生培训学习活动的李校长感慨道："西大给我们交流学习的机会，吃住全包，我们没有费用负担，学了不少，启发很大，其他学校的老师羡慕得不行，就是我们的普通话说不好，有些生活习惯不好。"他眯缝着小眼，微微低下头，有些不好意思。事后才得知，他们培训时，有个别参训老师偶有随地吐痰、抠鼻子现象，被西大附小的学生反映给老师，说"不卫生，不文明"。

坏习惯是在满足某种心理需求，无训导中自然养成的。习惯折射个人修养品行。"性相近，习相远。"良好的习惯可以养成，唯有良好的习惯，才可以成就个人未来。

皇甫庄苹果

皇甫庄村位于合阳县西北部的武帝山脚下，地处黄土高原，沟壑纵横，土壤肥沃，土层深厚，昼夜温差大，符合优质苹果生产国际公认的七项指标，属苹果优生区之一。20世纪90年代初，村里已开始生产苹果，面积不大，较零散，群众缺少技术支撑，管理技术仅靠学习书本、广播、电视的内容，一切都在实践中摸索。物以稀为贵。那时，一亩苹果园的收益，可以顶上十亩大田，高效益激发着群众从事苹果生产的积极性。

20世纪90年代末，先前栽植的果园，受综合因素影响，出现多种新病害，危害严重，果农告急。由于此前工作的原因，加上自学果业管理知识，我积累了一些果业管理的知识和经验。于是我便在皇甫庄村做起了"科技贩子"，白天在果园指导，夜晚七八个人聚集在一起就开讲，回答群众在果园生产中遇到的技术问题。自己拿不准的，赶紧请教专家，理解领会后再"贩"给村民。在皇甫庄村我先后试验推广苹果腐烂病、根腐病、早期落叶病防控和套袋技术，取得了不错的效果，逐渐赢得了村民的认可与信任。

与农相伴，助农为乐。2000年左右苹果树腐烂病暴发，皇甫庄村也不例外。年年刮、年年治、年年再复发，村民苦不堪言。一些老果园濒临毁园，损失惨重，村民几乎丧失信心。为此我请教了中国果树所植物保护专家王金友教授，他研究苹果腐烂病防治32年，颇有心得。我从王教授处学到了腐烂病的发生原因、发生规律以及科学防控方法，并在王教授的推荐下使用了果康宝药剂。通过两年多的宣讲、田间示范，腐烂病蔓延基本得到了控制。同时，通过示范推广苹果套袋技术，提高果品的质量，经济效益显著提高，也获得了农业部三等奖。

与农为伴，传授技术。果业技术培训必须理解吃透技术，必须将知识转化为农民惯用的语言进行传授，只有这样，农民才听得懂、记得住。比如在树干上绑铁丝，可以抑制营养生长，促进生殖生长，使其成花结果。如果直接这样讲，果农听不懂，也记不住。如果变成农民的语言，就方便多了。我给果农讲，要给果树上个环，果树就生娃了，这就易懂易记，有个果农说"妇女上环不生娃，果树上环就生娃（结果）"，大家在笑声中明白了，也记住了。

在合阳扶贫，促进苹果产业发展，加快群众脱贫致富，我心甚慰。同时，我也结识了王金友、汪景彦、李丙智、郭民主等数十位国家级专家教授，以及一批基层技术人员、果农，我从他们身上学到了很多果业生产的管理技术与经验，加上实践，自己"贩卖科技"更有底气，也逐渐成为一个"果树专家"。向专家请教，向技术人员学习，在实践中学习，培养兴趣，勤于思考，总结提炼，为农服务的本领更丰厚、更有效。我后来提出的"立体防控病害"理念与方法，得到了全国推广。每次群众的掌声、大拇指，使我乐得转不过脖子。皇甫庄村民的笑容，就是对我最大的肯定与褒奖，也是鼓励与鞭策。

勤于学习、养成学习习惯至关重要。学习是终身的，须学以致用，服务大众，造福于民。

黑夜，教室里的响声

2018年，在陕西省委办公厅联商扶贫团一次座谈会上，有位同团战友说他曾费力动员单位为包扶村捐衣物。他把捐来的衣物清洗、整理、归类，兴冲冲运到包扶村，村干部也很热心，叫来了几十个他们认为有需要的村民，比较公平地给每人分配了一些衣物，村民个个看上去很高兴，没有什么异样。这位战友见状心生一丝慰藉。然而，两天后，村边河道里扔了一片被捐的衣物，战友一看，心里不是滋味。

听过这个故事后，我不由得想起了自己经历的事情。

在合阳扶贫期间，我们与西北大学工会联合，在校内动员各分会老师捐衣物给困难群众，奉献一点爱心。教职工很积极，没用多长时间，就捐了不少衣物，而且所捐衣物都八九成新。我们租车将这些衣物运到村里时，天已快黑了。村干部和部分群众帮着卸车，我们先将衣物暂时存放在小学教室。搬完后，我们给帮忙卸车的村民每人发了一件衣服，算是"劳务费"。村干部锁上教室的门，大家各自回去休息。

夜里，有村民报告，存放衣物的教室里有响声，好像有人。我们就跟随村民到教室查看情况，打开手电筒一照，确实有三个妇女在里面，她们把原本存放整齐的衣物，拉得乱七八糟的，旁边桌子上放了三堆较新的衣物，应该是她们三个各自挑拣出来的。看见我们来了，三人极力低下头，生怕被认出来。其中有位年老者好像是某村干部的母亲，她急忙说："娃呀！我就是想给孙子挑几件好看的。"话说出来都是抖的。我们听后心里也不是滋味，忙说道："你们赶紧各选两件回去吧。"闻言，她们三人急匆匆拿起衣物就走，也不知拿了几件。我们随手给报告的村民拿了一件棉衣，叮咛他不要外传此事，这是件小事，都是家里穷，或是想占点小便宜，不是什么原则性问题。第二天早上，村干部顺利分配了衣物，大家都高高兴兴的。有些人现场就穿上了，美滋滋的。夜里发生的事始终只字未提过。

这件事又让我想起在看山寺村扶贫时，每年捐给村里的衣物是全新的。有一户刘姓人家，年年给他们捐送棉衣，他们年年没啥穿。后来在村干部和邻里处了解到，刘姓人家两口子，妻子智力有障碍，丈夫懒惰，啥事都不想干。到了春季天暖了，他们就把我们冬天送去的棉衣里的棉花撕掉，让衣服变成夹衣，再热点，就再拆成两件单衣，夏季真正热了，干脆把袖子剪了，变成短袖，穿上凉快，到了冬季又没棉衣穿。邻居说，入冬冷了，他们就靠在院子里的树上念叨："该来了，该来了。"后来才知道，是说"该送棉衣了"。

扶贫济困是我们中华民族的传统美德，而捐赠衣物是我们常常采用的方式，以延续物的使用价值。回顾二十一年的扶贫生涯，这种方式的确解决了很多困难群众的急需，但时至今日，已经很难派上用场了。现今物质极大丰富，人们的生活条件得到极大改善，绝大多数群众的生活水平较前有很大提高，极个别缺衣少食贫困户，亲戚、邻里也会就近给予救济，一般不会发生困难。而且，生活水平提高后，群众的安全意识也在不断提高，他们担心旧衣物传染疾病。2017年我们计划在黄山村设三个洗衣点，专门雇用三个常年在家的贫困户村民，为在村老人免费洗衣物，但在走访征求意见时，大家认为不卫生，怕传染疾病，于是该计划最终放弃。

因此，扶贫应与时俱进，深入群众，问需于民，精准帮扶，更为重要而紧迫的是传播健康生活方式,激发内生动力,精神需求也要跟进。否则,就跟不上时代步伐,扶贫方式陈旧,不适应现在的群众需求,脱离实际,劳而无功,适得其反。

杨校长眼里的泪花

教育是农家子弟改变命运，改变家庭面貌，脱离贫困，阻断贫困代际传递的根本途径。我们扶贫的乡村大多位于高寒边远地区，自然条件差，村民的思想观念陈旧，经济落后。许多农家子弟早早辍学外出打工，为家庭分忧，大多数无专业知识、无一技之长，只是从事简单的体力劳动，收入微薄，有些人甚至经不住诱惑而走上歧途，反而又成为家庭的负担。

农家子弟教育的成败很大程度上取决于老师，他们的家庭教育几乎缺失，这一话题，在二十年前更为沉重。在合阳，家长普遍重视对子女的教育，每年秋季开学时，据说全县需转出学费近亿元，可见进入高等学府继续深造的学生有数千人。长期坚守在农村小学的老师，安于清贫，默默奉献，功不可没。

皇甫庄村小学的李校长说自己是从每月 2 元的工资开始教书的，他兄弟姐妹多，家境贫寒，没能上大学，在村里当小学老师圆了他的教师梦。2001 年"六一"前，我们筹措资金，购买了一批崭新的文具盒、书本等送到皇甫庄村小学。一路风尘，傍晚时分我们才赶到，孩子们早早在学校门口列队欢迎，个个稚嫩的脸上堆满笑容。当杨春德副校长将"六一"礼物分发给孩子时，有个小女孩哭了，问她为什么哭，她说她从没背过书包、用过文具盒。杨校长抚摸着她的头说："以后都会有的，好好学习。"说话时杨校长表情凝重，若有所思，泪花在眼里打转。晚上，杨校长走进老师宿舍进行探访。说是宿舍，其实都是宿办合一的土窑，狭小黑暗，散发着一股霉潮味。老师正在昏暗的灯光下批改作业，杨校长上前与老师握手，哽咽地说："你辛苦了，感谢你。"我看到杨校长眼里再次闪着泪花。农村条件差，被安置分配来的受过高等教育的专业教师，都不安心，想尽办法离开。看山寺村小学有5名老师，其中两名家住城里，这两人干脆私下雇佣两个人代教，真是误人子弟。这事被发现后，第二学期对这两名老师进行了解聘辞退，调来了两位新老师。

  义务教育阶段无辍学，已成为脱贫"三保障"的重要指标。义务教育阶段辍学率为零，因残无法来校就读的，采取送教上门，保证义务教育人人享有，在校贫困生享受教育"两免一补"等各种政策。这些相关政策执行后，学生、家长都很满意，他们感谢党和政府，再也不会有辛酸的泪花。

看山寺小学的教学楼

看山寺村是原看山寺乡所在地，后撤乡并镇后归沙河子镇。2002年春，陕西省对"两联一包"扶贫团进行较大调整，西北大学编入陕西省委办公厅联商扶贫团，我们被安排到沙河子镇看山寺村。自此，我由黄河沿岸旱腰带的合阳县转战到秦岭腹地的商洛市商州区，开启新一轮"两联一包"工作。

合阳皇甫庄地处黄土高原，干旱缺水，风沙较大，尘土飞扬。商州地处秦岭腹地，山清水秀处处山，满眼青翠处处绿。户到户上坡过坎，蜿蜒崎岖，完全不同于关中。区里召开见面会，我与村支书刘民来到沙河子镇政府，与镇党委书记、镇长见面。大家很热情，各自介绍情况后，时任镇党委书记刘根志对我说："你分到寺（市）了，不错。"我疑惑不解。刘书记讲了一个故事：从前，给商州分来几个大学生，落实学生去向时，人事部门介绍情况，说："我们这里有几个乡镇，还有金陵寺、看山寺、腰市三个寺（市）。你们自己挑选。"不了解情况的几个娃抢着要去寺（市）里，以为那里条件会比乡镇好，后来去了，才知道还是个条件更差的乡镇。大家听完哈哈大笑，我说道："不错呀！我也被安排市（寺）里了。"接着张镇长又介绍了一番镇村情况，气氛很是融洽。

刘支书个子比我还矮小，背有点驼，一双眼睛稍外凸，骨碌碌转，尤显精明，烟不离嘴。我们骑着一辆摩托车进村到村孙文书家，村干部都在，大家就坐下来聊起来了。到了三四点才吃中午饭，文书老婆问吃啥，刘支书答道："糊汤面。"我没有吃过糊汤面，也没听说过，心想可能是这里的特色面吧！不多时一大盆糊汤面端上来，我一看，原来这糊汤面是玉米糁、黄豆、土豆块、绿菜叶和挂面混成的。吃时，调上葱花和调料，各取所需，味道还不错。2003年后至今，因糖尿病原因，我还偶尔吃过几次。

我在村里走访农户，熟悉村情村貌，了解村民的需求，和村干部进行深入沟通，拟定了年度扶贫工作计划。计划上报由西北大学捐建看山寺小学教学楼，学校同意批复后，我开始筹备。当时我对建筑一点都不懂，更谈不上什么经验，好在我有几个高中同学是学建筑的，他们在工地做建筑设计、监理。于是我请他们喝茶，向他们请教。很快我便明白了其中的关键：抓住正规图纸设计，走正规议标程序，有三级以上资质单位负责施工，严把工程质量和安全。按着这些来操作，工程建设一切都很顺利，教学楼如期安全完工。由西北大学、商州区城建局、沙河子镇政府、看山寺村派员组成"看山寺小学教学楼工程验收组"，验收结果合格，工程质量优良。待结付工程余款后，可交付使用。整个工程建设安全、平稳，也未拖欠工程款。

随着学校大门、入校道路等附属工程完工后，一座崭新的二层教学楼屹立在看山寺村，成了全村唯一一座二层建筑。村民和学生欢欣鼓舞。村支书这时提出："这里桌凳不行嘛！"希望西北大学支持配套。我感觉这又是一个必须解决的实际需要。和校门口小卖部老板闲聊时，他不经意地说："庙是盖楼里了，和尚方丈不行，白搭。"这又让我陷入了久久的沉思中……

暑假里，我开始抓紧在校内张罗桌椅黑板等配套设施，要赶8月底到位，保证9月1日正常开学上课。暑假又开始忙碌起来了。

老陈，我背你过去

看山寺小学的教学楼落成后，配备桌凳已成迫切任务，我时刻挂在心上。时值西北大学放暑假，没有平时联系落实起来方便，我只好求助王望弟主席，王主席答应帮忙协助，后勤部门确定成教院有退下的桌凳，存放在库房，可以捐赠，真是喜出望外。

几经联系，回复8月26日去库房看。八月天，骄阳似火，闷热难耐，马路被晒得绵软滚烫。"陈老师，先凉一下，喘口气，不急这一会儿。"库房师傅关心地说道。"谢谢你！这儿大概有多少桌凳？成色咋样？""原先十几个教室用的，都在这，好着哩，都能用。"交谈中师傅打开库房门，堆如小山的桌凳映入眼前，我又一次喜出望外，悬着的心终于放下了。

库房里特别闷热，汗水又淌了下来，热心的库管师傅很直接地告诉我："陈老师，这一块儿放的都是好的，没破损，成色好，都能用，你看看。"跟着师傅往里间看，都是成色较好的连桌连椅，放在山区小学里绝对是好东西。在师傅的帮助下，我量了一组连桌连椅的长度以及桌椅下固定眼间的距离，问了一个大体数量，喘着粗气，汗流浃背火速逃出库房。和师傅约好27日上午来装运，我便匆匆离开。

回家后，我先向看山寺村支书通告桌凳已落实，告知他桌椅的长度、固定孔间距，请他提前安排打孔。又紧急向我姐夫求助，请他帮忙联系一辆大车，27日早上到西北大学桃园校区装桌椅，运往商州。他是搞体育用品销售的，与大车司机有一定的交往。虽然紧张忙碌，但好在一切就绪了。

  第二天没有前一天燥热，天空中黑云翻滚，山雨欲来，我便有点担心。车子是10点多到的，雨已经下起来了。我、库房师傅还有司机师傅也赶紧行动起来，原本想很快就能装好，没想到真正装起来，非常慢。雨越下越大，我们的衣服全都湿透了。大雨瓢泼，淋得我们睁不开眼睛，只能不停地擦。装车时，我特别叮咛司机师傅，要绑紧拴好，千万别在路上出意外。下午2点多，终于装好了，我和司机师傅冒雨出发。雨好像有意作对似的越下越大，就像盆浇一样，车前雨刷根本来不及刷，车辆行驶缓慢。进山前，我们在路边吃了点饭，便继续赶路。山中风大雨大，车靠近山体时，山上被雨水冲下的泥沙和小石不时落下。我不停地提醒司机师傅慢慢开，实际心里万分着急，恨不得一步跨出大山。一路上往来车辆稀少，雨却大得不得了，山边的小树在狂风暴雨中猛烈地摇摆着，东一摆西一摆，煞是吓人。312国道旁的河水满满的，湍急而下，水石相激发出哄哄的声响。路上也是积水成河，秦岭隧道里，灯光昏暗，水气弥漫。越走天越暗，一路上谁也没有说话，车内静悄悄的，司机死死盯着前方。

  行驶近5小时，终于到达商州区，但距离看山寺村尚有20多公里。雨没有暂歇的意思，前路茫茫。我们当即决定住在商州区，天亮了再走，方便安全。

  翌日8点，雨还是那么大，车继续驶向看山寺村。在距村不到2公里处原来有一座桥，可这桥不知何时早已被洪水冲得无影无踪，只见河水裹着泥沙，喘着粗气，湍急而过，河中倒塌的桥墩横在湍急的洪水中，孤零零地任水冲刷，呻吟着，泛着白花。

  过不去咋办？我打电话告知刘支书我的位置和现场情况，请求支援。"你等着，我们马上就到！"雨安慰似的小了点儿，我和司机师傅站在河边，议论着咋样过去。看这样子车肯定过不去，那车上的桌椅怎样过去？我们这办法那办法议论着。

"来了。"司机冷不丁一声。我远远望去，前面像是刘支书，后面有五六十个人，有拉架子车的，有扛木板的，有拿绳子的……越来越近。是的，是刘支书他们，他们穿着雨衣、老式蓑衣，来到了河的对岸。

"辛苦了！"刘支书说。"六畜（刘支书女婿），你俩把那几块大石头搬在中间，福田（村文书）、树林（村主任），你们几个把木板架上去，弄稳点。"刘支书扯着嗓子在现场指挥。不到半小时，一座临时简易的木板桥搭成了。刘支书他们踏着桥过来，又跟着过来了几个装车的小伙。

"解绳下车，往过转。"一组组桌椅就这样转到河对岸，装上架子车回村。真是人多力量大，不到两个小时，桌椅全部转到了对岸。雨像是奖赏大家似的，又发威了，临时木板桥也塌陷了，河这边也只剩下我、司机和刘支书。我安顿好司机，叮嘱他回程注意安全，转过身来望着河水发愁，桥又塌了，我可怎么过河啊。"兄弟，我背你过去。"说话间刘支书已站在河水中，此时汗水与泪水模糊了我的双眼。"咋能让刘支书背我呢？不能不能！"刘支书站在水中着实不稳，我让他先上对岸，犹豫要不要下水。正在犹豫间，对岸路上开来一辆挖掘机，是村上一户搞工程家的，刘支书忙让司机将车开进河中，让我坐在挖掘机的抓手抖子上，不一会儿便将我转到对岸。过河后，我和刘支书一道蹚着水，步行回村。

当我们走进教室时，搬桌椅的村民已经把桌椅放进教室，大家一阵掌声。

这件事时隔多年，仍记忆犹新。我亲身感悟乡亲们的朴素感情，也充分感受到村支书、村干部在群众中的凝聚力和号召力，因此印象很深，对我启发很大。同时，我由此也反省，做工作要考虑在前，提早计划、早动手，应该在工程接近尾声即放暑假前就做好安排，也不至于因怕耽误开学而搞得这样紧张危险。可谓预则立，不预则废。急事缓办，缓事急办，才不会忙乱中出错。

山沟里有个面粉厂

在陕南山区，因山势高低不平，哪怕同一个村，也是依地势而居，村民们分散于几个沟里，出行不便，收种皆是人力，非常艰辛。看山寺村亦然，村支书、村主任、村文书这三个我经常打交道的人，也是散居三处，呈三角状。只有孙文书家较低，距要道近，他家也自然成为见面议事和吃饭的去处。

有一次，我见到刘支书、杨主任各扛了一袋小麦放在文书家，第二天又扛了一袋放下，我表示不解，以为我们在文书家吃的顿数多了，两位村干部拿些粮食来弥补，因为我们事先约定好的，吃一天给 10 块钱。于是我直接问孙文书："他俩这是啥意思？"孙文书说："你还不知道，他俩这是把粮从山上的家里分次转到这里，然后拉到沙河子磨面或直接换面。""这里家家都是这样吗？""咱这个村包括山上几个村都要扛下来，再去镇上磨面或者换面，再拉回来扛回家。家里养牲口的，要留麸皮，就磨面，不要麸皮的就换面。"随后的日子里，我时常大清早就能看到村民扛着粮食去换面，有些年龄稍大，行动不便，看着让人揪心，特别是腊月，扛粮下山的村民更多。

我当时了解到，看山村及后山几个村有 4000 余人，磨面、换面者众多，换一次面需要上上下下几趟，步行几公里，耽误一整天时间。

"老陈，都不好意思提，你看能否向学校申请下，在咱村建一个面粉加工厂？"杨主任在一次闲聊中突然抛出这个想法，在场的人七嘴八舌，说着建个面粉厂这好处、那好处，眉飞色舞，急切之情无法言表。"需要是需要，方便群众也不能给老陈压力嘛！"刘支书说，"关键我们自己也要想些办法，不能全靠西北大学。"刘支书的意思我听明白了，建面粉厂的确有必要，但这件事必须更深入地调查一下，拿出方案向学校汇报才行。后来的日子里，在和村干部与群众交谈时，议题不由自主地就扯到面粉加工厂上了。在和村干部认真研究了几次后，我们形成了初步意见，由村里提供厂房用地，西北大学捐赠一台面粉机。村里希望得到一台当时市场里很流行的"苹乐"面粉机。

有次杨校长一行来看山寺村调研，我们便把相关情况向杨校长作了汇报，杨校长表态，可以，原则是"场地适中，方便群众，机子实用，不贪大求洋，合理收费，归村集体所有，负责经营管理"。村干部高兴极了，各项筹备工作也随即展开。

后来我列席校长办公会，会上汇报扶贫工作，特别是面粉加工厂的情况，领导们一致同意："与村里谈清楚，村子负责厂址厂房，我们负责进购面粉机，各负其责。""苹乐"面粉机的广告，在农村显眼的路边和墙上到处都是。我按墙上的广告电话打了过去，联系到负责人，询问了型号、日产量等参数，最终确定选择最小的型号，并约好对方来看山寺的时间，以指导厂房基建。厂房完全按照"苹乐"面粉机的规格、设计要求等技术参数进行施工，建设一月后，我们约请"苹乐"面粉厂的负责人来看山寺村，具体洽谈价格及签订购销合同。

洽谈合同当天，我约请财务处张处长与我一同洽谈，张处长开门见山地说："我们是扶贫，选购贵厂的面粉机，是为解决当地群众的具体困难，村里也是把这件事当作公益事业来干的，希望贵厂也献点爱心，以合理的价格，共同促成此事，一起为群众办件实事。"苹乐厂的经理很是豪爽："我们也献点爱心，以最低出厂价供货。"这个价格比我们事先了解的价格要低,于是当即定下来签订合同。一周后面粉机送到村里,随行的技术人员开始现场调试。

"咱三个各拿 200 斤小麦试产。"刘支书给村主任、文书下了"命令",在场的小学校长说他也拿 200 斤,总共 800 斤,交由技术人员开始试产,有半小时工夫,生产完成,雪白的面粉分成等量 4 个袋子,由他们 4 人拿走,麸皮由六畜买走喂猪。当天中午我们用这个面粉在文书家做面条吃,说实话面真不错,雪白筋道。

面粉厂开张了,临近村的群众也扛着粮过来磨面:"这个好,再也不用跑远处去了,刘支书给咱办了个大事,大好事嘛。""这要感谢西北大学,感谢老陈。"刘支书急忙说道。大家的脸上洋溢着笑容,我也有点自豪。

群众是可敬的、朴实的,只要为群众办点好事、实事,他们都记着你的好。

樱桃示范园

樱桃是开春第一果。

看山寺的春季十分迷人，绿树成荫，各色花卉、野生药材，星罗棋布地点缀着。蜂蝶飞舞，生机盎然，美不胜收，"其喜气洋洋者也"。一朵朵金灿灿仰面微笑的蒲公英花、紫蓝色的地丁花，生长于杂草中、坡坎之上，惹人欢喜。我忍不住写下一首诗："躬身疾步越山岭，金面笑迎蒲公英。地丁花开草丛下，坡坎小憩话清明。"

在看山寺村的第二年春季，我发现一片较集中的樱桃树，有数十颗，树体较高，果形比当地传统的老品种樱桃大许多，但也不是欧洲大樱桃的树体模样。一天早上我和福田文书聊起此事，他火急火燎地拉着我就走，走到他家地畔几颗樱桃树下，他利索地摘下几个已着色成熟的樱桃，让我品尝。我尝后觉得的确不错，酸甜可口。我随即详细看了看，主要是树体高，分散不成面积，群众没人重视，说不上产业，但事实证明，此地适宜，可栽可成。

从合阳皇甫庄的苹果起，我喜欢上了果树。在这里再见到樱桃，我喜出望外，又点燃了当年的内心冲动。于是我请福田文书给我详细讲讲这里的樱桃的故事。原来，早在20世纪90年代初，欧洲大樱桃引进我国时，西安植物研究所的苏贵兴教授，也搞到一些欧洲大樱桃的品种苗木，引进到陕西试栽，看山寺村就是当时试栽试验地之一。苏贵兴教授在这里试栽了三年之久，留下数十颗试验树，没有大面积栽植推广，个中缘由，村里没人能说清楚。而今像灞桥、蓝田、铜川等地已大量引进发展欧洲大樱桃，效益颇丰。

为了弄清情况，更为搞清楚看山寺能不能搞樱桃树，我冒昧登门拜访西安植物园苏贵兴教授。苏贵兴教授高个稍瘦，花发稀疏，戴副瓶底厚的近视镜，已退休赋闲家中。说起看山寺的樱桃树，他兴奋地侃侃而谈："当年承担国家引进试验项目，项目试验点十多个，我负责看山寺村这个点，主要是红灯、史特朗两个品种。通过几年试验观察，发现土壤气候条件适合，病虫害少，生长势强，成活率和结实率较高，成熟期比关中晚20~25天。"苏教授如数家珍，我仔细听，认真记。"苏老师，为啥后来没有栽植发展呢？""我们只负责试验观察，取得第一手的试验数据，当时给地方有过这方面的建议。""从现在的情形看，不错。我们西北大学现在在看山寺村扶贫，您看可不可以发展樱桃？""我看行，逐步适度发展，选近几年的新品种，树形小，好管理，成本低。"两个小时的拜访交谈，坚定了我的信心。我的基本认识是可种。有技术支撑，更重要的是成熟晚，避开关中集中上市时间，可填补市场空档，或有高效益。

树形较小、低生产成本的品种在哪儿？我一直思考着、寻找着。后来我决定两步走，一步走进樱桃园实地看看，向生产者求教，一步走入大学向专家教授请教指点。我先后去了灞桥、蓝田、铜川等地，观察樱桃的树形、结果状以及销售场景，同时向果农请教基本的管理办法、难点和注意事项，相继结识了很多一线的技术人员和樱桃果园的管理能人，和其中好几个已成为好朋友。在西北农林科技大学苹果专家的引荐下，我认识了樱桃的专家教授，他们的专业知识、市场分析、管理技巧，令人佩服。走完这两步后，我对樱桃及栽培管理、市场更加清晰，信心更足，满心的欢喜与冲动。

经验告诉我，要想发展樱桃园，最重要的一条就是种植者有动力、有激情、有恒心，否则剃头担子一头热，最终很容易以失败告终。在合阳皇甫庄，有几户群众观念陈旧，好吃懒做。在县镇供苗、专家提供技术指导的情况下，他们死活不干不说，还满脑子歪理，影响其他人的积极性。

　　带着满腔热忱，拿着技术资料，我在看山寺村与村干部们交谈，向他们介绍品种、管理技术，特别是市场效益。大家听了都认为好事能弄，但到底在哪里栽？谁来管？议论纷纷，莫衷一是。"就在我这儿先栽，我动员！"文书说，"我们组有些基础，地势平，距路近，工作好做。"我说："这样好，西北大学提供种苗，先按25亩发展，技术由我负责或聘请专家培训指导。"

　　建樱桃示范园就算定下来了，我综合各方面的资料，很快起草了一份樱桃栽植技术的单页资料，交给文书，由他去动员落实种植户和面积。其实，这时我最担心的是品种苗木的质量，品种纯正、质量可靠，是成败的关键。苗木、品种没问题，栽植前挖坑施肥，就一定没有问题，就是有点问题，也容易纠正，但苗木、品种有问题，则根本不行。通过熟悉的苹果专家推荐，我先后拜访了铜川果业局侯怀斌、袁锋印，陕西省果业局郭民主和西北农林科技大学专家蔡玉良教授，最终确定由蔡教授在他们的品种资源苗木园选择红灯、史特朗、美早等三个品种作为苗木，也许是因为高校兄弟单位合作，也许是扶贫项目的原因，蔡教授安排优中选优提供苗木，我由衷感谢！后来才得知蔡教授是西北大学生科院赵桂芳院长的博士生，优秀校友一家亲。

　　樱桃苗到村时，村民已将坑挖好，基肥也已施入。按户面积、品种搭配株数分放到位。三户为一单元，共同协作栽种，充分体现协作互助精神。只用了3天时间25亩看山寺樱桃园即建设完成。第二年如法再建25亩示范园，这50亩樱桃示范园成为群众脱贫致富的挣钱树，成为产业脱贫观摩学习基地。2017年，我在黄山村偶遇区政协赵熙荣副主席，她说到产业脱贫时，所举的事例就是看山寺村的樱桃产业。

西大学子三下乡

"纸上得来终觉浅,绝知此事要躬行。"家长、学校都特别重视孩子们的实践教育,实践教育可以让学生亲近自然,了解自然、风土人情和社情、国情民意,增加阅历,丰富生活。特别是城里的孩子,不至于成为"两耳不闻窗外事,一心只读圣贤书"的书呆子。每年的暑假三下乡活动,学生们报名踊跃,可见一斑。

借着西北大学在商州扶贫,人熟地熟,各方面安排落实起来比较方便。2005年,我就和学校团委的王军书记商议学生下乡实践的事。当时,我们都在太白校区集味园四层办公,相距很近,我们反复商议,讨论人数规模、活动内容、农村扶贫与百姓生产生活的结合点等。重点是活动内容,要真正能为群众办点实事,使学生有所收获。我与镇政府干部交流后,更受启发。于是基本确定了支教、社会调查、家电维修、法律咨询等几个大的方面。接着制订了三年计划,每年从学校扶贫经费中补助1万元费用,此后该活动持续了三年。

7月的商洛,大太阳底下也很燥热,但树荫底下,十分凉爽,晚上更是清凉。首批大学生暑期三下乡扶贫团抵达沙河子镇看山寺村,同学们满脸欣喜,举着"西北大学学生扶贫三下乡团"红旗,列队走进村庄。乡亲在各家的门口驻足观看,同学们报以微笑。

我简单介绍村里和扶贫的情况后,便带领全体同学参观村庄,走访农户，了解情况。一路上，同学们三三两两交流起来，农村来的学生对村庄有着天然的亲近感和"优势"，格外兴奋，指着路边的树，让大家辨认。"杨树？""不对，是椿树。""哪个是？""那个是槐树。"路过一块开花的药材地，我问，那是什么？也很少有同学答对。我一边走，一边给同学讲，这是一块桔梗，开蓝色花，是干啥用的，那一块是二花（金银花）……让大家走进地里亲自感受一下，拍拍照，气氛一下子便活跃起来了。

　　闭塞幽静的小山村，突然来了一群充满朝气的大学生，看家护院的狗也狂吠起来，吓得女孩子们躲在一旁，轻手轻脚"飞过"，惹来男生们哈哈大笑。七月天，猪圈远远散发着臭味，不少同学捂鼻远眺，不愿靠近。大家集中到一刘姓的典型的贫困户的院子里。两口的儿子在外地务工，他们年龄不大，有些木讷。他们是我们年年的救济对象，光棉衣年年都要送。同学表示不解，我解释我们冬季送棉衣，春暖花开时，他们把棉衣中间的棉花取掉后穿上，再热点再拆分成两件穿，夏天，袖子剪掉了穿短袖，冬季又没了棉衣。村干部反映到了冬季，他们就靠在院子里的树上，嘴里喃喃自语："该来了，该来了。"满脸通红，清涕直流。我曾问"啥该来了"，"棉衣棉被该送来了"，村支书无奈道。讲了这个真实的故事，同学们开始议论起来了，"送养老院去""不能这样扶下去啊！""要靠自己的双手劳动……"同学们给出多种答案。

　　"娃，你把我这播放机给我修好！"一位老人来到西北大学家电维修桌前急切地说。张涛老师赶忙叫来学生开始修理，"开膛破腹"检查。"问题不怎么大，一定给你修好。"老人听后放心了，满脸期待。旁边两个男生和老人聊起来，才知道老人的儿女成家后都在外地打工，家中只有老人一个，收音机是他的伴侣，人老了瞌睡少，晚上就听听戏，差个心慌。老人的眼睛湿了，我们的鼻子酸酸的。不一会儿修好了，老人一边嘴里说着"谢谢"一边打开播放机，陈仁义先生的《四郎探母》唱了起来。老人迈着八字步,慢悠悠地回家了。到了晚上,我辗转反侧,难以入睡,我对农村的养老问题思考起来:农村养老的确成了一个不可回避的大难题,特别是空巢老人,孤苦伶仃,他们苦了一辈子,如今仍然孤苦,儿女在外地满心牵挂的就是他们。但儿女一年回来不了几次,或是数年才能回来一次,亲情缺失,他们更加孤独。常常爆出老人在家去世后才被发现的惨事,真是孝道缺失。人们崇尚物质,追求各自的美好幸福,忘记自己从何处来、要到哪里去。要告诫做儿女的,"子欲养而亲不待""活着要孝顺,不必死了敬鬼神""人人家中有老人,人人都会老"。

"我的电饭煲、DVD机""我的电视机、电饼铛"……不一会儿,村民拿来了各自有问题的家电。有个女同学说:"不急,把东西放地上排好。"她拿了一个小本子逐一登记了物品名称和姓名。真聪明!这样就不会乱,避免拿错了,引起不必要的麻烦。

家电维修是项专业技术活,同学们仔细认真,就像外科大夫做手术一样,遇到问题相互低声交谈或请教身旁的专业老师,师生们一起研究解决。每当修好一件后,他们的脸上洋溢出微笑。

小小成就感油然而生,当师生一起解决了一个难题,他们互相击掌庆贺。张涛老师说:"经过动手把课堂理论在实践应用中重温、验证,提高理解和动手能力。每修好一件,学生们也颇有成就感。"

"今晚就有电视看了。老陈,谢谢你了!晚上你带娃们来看电视。"一位老人抱着修好的电视机说道。他有一台21寸的彩电坏了很长时间,今天修好了,他十分高兴,不住地道谢,我心里也暖暖的,沾了同学们的光了。

入户走访调查的同学,不辞辛苦调查样本户的人口结构、收入来源、经济产业状况和致贫原因,想法密密麻麻记了很多。晚上他们围坐在一起交流探讨:"真没有想到山区群众的生活还如此困难,应该把山上的搬出来。""那几户重病残疾应该吃低保。""山里还是要多栽果树,树下再散养鸡卖钱……"既有调查后的感触，又有分析和对策，和现在脱贫攻坚的要求与方法大致相同。他们的调查很有收获。对社会现实的了解与研究是高等教育学习的重要目的，由此改善民生，促进发展，意义重大。

一次学生们与乡镇干部的对话座谈会，我记忆犹新。他们就如何进行行政管理、如何提高行政效能、如何关心改善贫困群众的生活、如何发展地方经济等问题进行了探讨交流。由开始的平心静气，到后来展开激烈的辩论，一度充满着火药味儿，我急忙打圆场："大家讲的都对，同学们偏理论一点，咱们乡镇干部说的是现实存在。没有对错，存在的问题都是合理的，合理的也一定会变为现实，理论要与实际相结合，解决现实的任何问题，需要时间，需要创造条件。同学们走出象牙塔，主要是深入实地了解现实，更深入思考研究，找出符合国情、切实可行的对策。人有两只耳朵，两只眼睛，一张嘴巴，一颗脑袋，我们要学会多看、多听、多思、少说。"

"讨论思考问题的思路应该是结构分析而不应是线性思维，先找出问题因素，分析找出关键因子，再分析这些因子之间的相互关系，及构成问题因子的结构，这时把外部看作黑箱，问题结构形成以后，再打黑箱，研究分析影响。对内部的结构关系进行校正，这应该是一种比较正确的思维方式。当然，人的思维有发散、聚合和混合之分，但绝大多数是混合式的。希望同学们利用短暂的时间，带着问题多看多听，多问多思。"一席话赢得了大家热烈的掌声，座谈会愉快地结束了。

三年的暑期三下乡活动，已经远去十多年了，但留下的美好回忆挥之不去。后来，我们在商州区设立了西北大学大学生社会实践基地。曾参与见证三下乡活动的潘君宇、安辉、万聪、李正伦等多位同事也已成长为部门里的负责人，承担了更大更繁重的工作，推进着学校教育事业的发展。

转战兴龙村

2007年春,西北大学"两联一包"扶贫村调整到大荆镇兴龙村。兴龙村,名字听起来很吉祥,其实是偏远山区的贫困村。

新调整包扶一个村,见面认人,入村入户,了解村情,座谈研拟帮扶方案,上报批准实施,这是必经程序。时任大荆镇党委书记邵继宏、镇政府镇长周玉镇及镇有关部门负责人,及兴龙村支书王书彦,我一一见过。王支书70多岁了,精瘦,满脸沧桑,但非常精神。那天,他带来一个小伙,说是村文书,叫王高智,眼睛特别大,说话时总是搓着双手。见面彼此认识了,我坐着高智的摩托车去往村里。出了镇政府大门,七拐八拐走上水泥硬化路,尚感平坦,拐向通往兴龙村的路上,一路颠簸。真是很危险,车时快时缓,左右避着路上的坑洼,我夹在高智、王支书中间,两耳边风呼呼而过,心怦怦地快速跳着,我紧紧搂着高智的后腰,生怕掉了下去。

路是沙石路,年久失修,坑坑洼洼。可以说天上有多少星,路上就有多少个坑,晴天可卧驴,雨天能养鱼。一路颠簸,终于来到兴龙小学门口。小学大门临靠一条小河边,大门矮小,高个人进出一定要低下头。小学的围墙低矮破损,校内有两排数间土木结构的瓦房。我们来到一位老师的宿办房。"咱村条件差,你来受苦呢!"书彦支书开腔道。我说:"没啥,习惯了。你先介绍一下村里的情况,再说说需要办些啥实事情。"书彦支书讲了起来："兴龙村是一个小山村，刚拐过的第一个村是水磨村，这上面是难泥湖村，兴龙在中间。交通不好，村里家家都穷，现在大多数青壮劳力都外出打工了，不然在村里混不过。现在在村的都是些年龄大的，看我70多了，还当村支书。村长都出去了，高智这娃家里走不开，懂文化，帮忙跑路干点啥，把娃亏了。"这一时功夫，书彦支书几大口吸了两支烟。霎时间狭小的房间里烟雾缭绕，很刺鼻。

"您老先喝点水，不急，咱们慢慢说。""我是急性子人，也是毛主席老人家培养的，总想在走的时候，能给村里留点啥。村里没有年轻党员，我只能赖着。"又是一大口烟。"高智叫你媳妇儿中午弄些糊汤面，我们中午就过去。"书彦老支书起身与高智一同走到院子里，低声说了几句话。不一会儿书彦老支书回到屋内，又点燃一支烟继续说："现在还穷，主要是没念下书，没文化，没技术，出去也是出蛮力，挣得少。年龄大了，还得回来务农。我想把学校帮忙弄好，盖个新的，才能有好老师来，把娃教好。再一个就是，咱这儿核桃多，品种老，现在让各户发展些好品种，将来就是个事情，各户有收入，好过活，不为难娃了。"

老支书的话我听明白了，真佩服老支书的眼光，考虑长远，他关注的都是教育、产业、养老等根本问题。我自然也明白了兴龙村想让我们帮扶的事项。我随即问了小学校长学校的情况，校长言简意赅："3名老师，三十多个学生，分四个年级，都是复式班。""教育要搞好，需要改善条件，但应坚持实用、够用的原则，切合实际。核桃、中药材都可以发展，通过培训让大家掌握实用的新技术，提高产量、品质和效益，再加以引导扶持，弄点样子，大家看着学习，每年有些收入，养老也好办了。"我开口说出自己的想法，在场的人都比较赞同，气氛也活跃起来了。这个说怎样弄，那个说如何做。这个说学校建在这儿，那个又说建在那儿，众说纷纭。书彦支书说："按老陈的原则办，先建学校，就在现在的学校院内，上下两层10间就行了，其他咱们后面再慢慢说，时间还长着呢！"说话间，两点多了，这时我手有些颤，我知道自己这是低血糖——"校长，你这儿有糖没？我血糖有点低。"校长赶忙找来一点白糖，用水化了让我喝了一杯。书彦支书见状忙喊，赶紧吃饭走。一声令下，我们一起说着笑着去高智家吃饭。

"糊汤面，这是我们这里的特色饭，常用来招待贵宾。"高智说着，一大盆儿就端上桌了。饭盆儿周围摆有盐袋、辣碟。糊汤面我吃过几次，但感觉今天的特别有味道，或许是饿了吧。当年御厨精心做的珍珠翡翠白玉汤，朱元璋咋吃都没有当年要饭时那碗喷香入味，或许是时移位异吧。吃着农家饭，自是农家人。吃完饭我和书彦支书一行在村主干道旁的村民家、地里转转、看看，边走边商量。"我们就一个事一个事干吧，我看先从建学校干起，你们看咋样？""这样最好，我们准备下周就干。"书彦支书迫不及待地应着，校长也是满脸微笑。"不急，这是个工程，要有设计图纸、预算、议标等严格程序。由中标工队施工，我先要向学校汇报。"我急忙纠正。"对着哩，你按要求弄，我们配合好。"书彦支书表态道。

傍晚时分，书彦支书让高智骑摩托车送我回镇上。晚上，镇政府很安静，门口右侧书记、镇长的房间依然灯火通明。我径直走进靠边的镇长房间，房间里整洁有序，办公桌上整齐地放着书籍文件和报纸。"老陈你回来了，辛苦辛苦。"周镇长热情地握着我的手说道。"谢谢！没啥，都习惯了。"周镇长泡上热茶，我们交谈起来。不一会儿，邵书记也过来了，我郑重其事地汇报了自己关于兴龙村扶贫的初步想法。邵书记说："兴龙村是个穷村，村里的年轻人多数外出务工，连一个年轻干部都选不出来，书彦年龄大了，但很精神，很愿意为村里干些事儿，他做事公道认真，咱们一起帮帮他们。""尽力而为，量力而行，由易到难。干些实实在在的事儿，大家都能看见，也是你们的成绩。"周镇长说道。讨论的初步结论就是赞同先建学校。后来镇长直接把我带到后排的瓦间房，我打开门一看，床、被褥、桌椅及简单的生活用品一应俱全。"老陈，这就是你的房间，啥都全了，以后回镇上了就有个落脚休息的地方。"我很感动，忙说："谢谢，谢谢关心。"后来我才知道，区扶贫局为了关心支持省级单位扶贫干部，给所在乡镇拨付了 5000 元补助，要求乡镇安排落实，在那时瓦间房的条件已经非常好了，但我在瓦间房住的次数很少，大多住在兴龙村小学，因为瓦间房距兴龙村太远，交通十分不便。

求教"核桃王"

商洛是全国著名的核桃产区,享有中国"核桃之都"的美誉。核桃也成为商洛覆盖面最广、优势最明显的特色产业。1958年1月31日,毛泽东在《工作方法六十条》中作出批示:"陕西商洛专区每户种一升核桃,这个经验值得各地研究。"此后核桃生产蓬勃发展。兴龙村的核桃产业,受自然条件限制,面积产量有限,但核桃仍为主导产业之一,村民生产的积极性较高,但品种老化,新品种及栽培技术掌握不够,导致核桃产业发展缓慢。"让大家学习核桃管理的新技术,弄些新品种,再发展些核桃,对咱这个村是个路子。"书彦老支书不止一次和我谈到此话。这也是当初定下来的,必须要落实。当时,我对核桃知之甚少,是个"小学生",不及当地核桃种植者。我想,虚心学习请教是弥补短板的唯一办法,只有向农民学习实践经验,向书本学习理论知识,向专家请教,掌握核心关键技术,方能有所进步,更好地为群众服务。

当时,多方面谈及最多的核桃品种就是"西洛3号"。据了解,"西洛3号"是由西北农林科技大学高绍棠教授等从陕西洛南核桃实生树中选出的,坚果圆形或近圆形,核面较光滑,略有小麻点,易取仁,出仁率高,近60%。核仁充实、饱满、色浅、味甜香。嫁接树4~5年结果,7年后进入盛果期,较丰产稳产。其有较强的抗旱抗病性,耐土壤瘠薄,丰产性好,适宜发展。

要取真经，需见真佛。我向西北农林科技大学的土肥专家田家驹教授打听了解"核桃王"高绍棠教授。田教授介绍了一些高教授的情况，我顺便请田教授帮我引荐一下高绍棠教授。"伟星，这个好办，我和高教授比较熟，他住的地方和我亲家是对门。""田老师，那请您帮忙事先和高教授联系一下，看啥时间比较方便，烦请您带我过去，拜访讨教。"田教授愉快地答应了。

不久，田教授带我拜访高教授。高教授个不高，挺瘦，眉毛稍长，双目炯炯有神，非常开朗热情。高教授的客厅清雅舒适，其间最为显眼的是一个放着十多个玻璃瓶的柜子，玻璃瓶内装满形色各异的核桃。寒暄过后，我说明来意："我在商州大荆镇一个小山村扶贫，群众需要发展核桃，种植积极性较高，对您培育的西洛3号非常喜爱，但又怕弄不到真品种，而且管理技术欠缺，您方便的时候，我们想接您去商州进行培训指导。"

"商洛是全国重要的核桃产地，应该好好管理，提高技术，更新品种。这样家家有核桃产业，农民就有一项较稳定的收入。你们抓核桃很对，很适应当地的情况。"高教授缓缓谈起来，"当前重点是抓好现有核桃生产的关键技术和环节，比如春防霜冻，黑蛋蛋和穿孔病等病害防控，另一个就是采用示范推广新技术，更新品种，让农民学技术，更省力化栽培，科学化管理，这样才能适应将来劳力少的情况，降低生产成本，增加农民的收入。"高教授说着，我也不住点头，飞快地在本子上记录着。

高教授从柜子中拿出几个瓶子，瓶子里是几个核桃品种的标本。他逐一详细地给我讲了几个品种的优缺点，以及它们适应在哪里种植，等等。"西洛3号是在洛南选育的，适应商洛，不要因为是以我为主培育的，就过于迷信。这品种和其他品种一样，有优点也有一定的缺陷，还是要走示范推广的路子，不要一哄而上。技术不掌握不跟上，盲目大面积种植，害人害己呀！"

从高教授的讲解中，我深切地感受到他的严谨科学、实事求是，也深深体悟到他浓浓的为民情怀。

"只要身体允许，我给你帮忙。咱们都是高校的人，你也很诚恳，咱们一起把这事办妥。况且你是老田带来的，我也得完成这老伙计交给我的任务啊！"我急忙握着高教授的手，鞠躬致谢。

因地制宜发展产业，寻找拜访品种培育者，取得真经，得到技术指导，就能少走弯路，从起初打好产业基础，建立长久的技术支撑，利于产业成功和持久健康发展。

回到兴龙村，我向书彦支书介绍了拜访高绍棠教授的情景。告知他高教授答应来村里进行培训指导，老支书等在场的人激动不已。"老陈，你又为咱办了件大好事，咱要好好组织组织，还可以向镇领导说一下，组织全镇培训。"书彦支书急着安排起来。我真为书彦支书的敬业精神由衷点赞。

"核桃王"来大荆

初秋季节,天高云淡,气温适宜。从杨凌接上高绍棠教授,我们遵从高教授的提议,不走高速走312国道,沿途再看看秦岭的秋景秋韵。

秦岭蜿蜒曲折,温柔地横立在祖国中部。它分割南北,崇山峻岭中演绎着不朽的历史故事。我们一行穿行山间,好似步入风光奇异的长廊,天光时暗时明,一步一景。车行景移,秀色变幻,情趣盎然。环绕山路边的小溪流与山缠缠绵绵,好似同甘共苦的好朋友。蓝天上镶嵌着朵朵白云。红叶点点,爬满山坡。农家小屋,依山傍水,错落有致,构成一幅秋色画卷。高教授一路上情绪高涨,有说有笑,时而东看看,时而西望望,"云横秦岭家何在,雪拥蓝关马不前",高教授吟诵着韩愈的诗句,目眺远方,若有所思。或许高教授曾经有过相似的境遇吧,我心想,同时我脑海里也浮现出自己在一个大雪纷飞、寒风刺骨的早上,在秦岭老路上被迫停滞8个小时的情景。高教授此时的心情或许我能懂得一二。

午时,我们在镇上的一家小餐馆用餐。小憩后,我们一行步入大荆镇政府小院,远远望去,一处窗外站着七八个村民,有的探头向里边看,有的转身而望,有的两两交流。一看就知道那是培训场所。我们走进会议室,喧嚣戛然而止。环视室内,座无虚席,过道里也加了一排椅子,满满当当。镇长向大家介绍:"今天下午,由西北大学和镇政府联合邀请西北农林科技大学高绍棠教授，为大家讲解核桃栽培管理技术，机会难得，大家要认真听讲，不准说话，不准抽烟，不准来回走动，有问题一个一个提问。下面，让我们以热烈的掌声，欢迎高教授讲课。"开门见山，直截了当，掌声一片。

高教授起身示意，环视一周。讲桌上摆放着三个装有核桃标本的大玻璃瓶子，吸引着参训者的眼球。"大家好，我是高绍棠，来到商洛很亲切，很高兴，因为这是我的第二故乡，我很愿意为大家服务。在开始讲授之前，我们先做个小游戏，我喊一，大家鼓次掌，喊二，大家再鼓次掌，喊三，大家再鼓次掌。表示大家对我的欢迎，好不？""好……"大家齐声喊道。高教授喊一，大家齐刷刷地鼓掌。喊二，大家又一次鼓掌。但还没喊三，大家再次鼓掌。"我还没有喊三，大家就第三次鼓掌了，说明大家对我很欢迎，但是，这也说明我们大家都存在思维惯性。就拿核桃管理来说，大家都积累了丰富的生产经验，也对新品种、新技术很渴望，这么多人今天能来，就说明了这一点。但是受惯性思维的影响，今天新学的技术方法，大家在实践中往往一开始都记着，但到后面就忘了，原来咋管的还是咋管，终究应用不多、效果不佳。"大家频频点头。头排一位白发老者说道："还有就是现场听得明白，回去就忘得差不多，用得更少，想再看一下，手头没有资料，询问吧，不好联系到专家。"这时我心里琢磨起来，一线农业生产者年龄偏大，思想保守，新的记不住，老的忘不掉。新技术的推广应用，需要一份实用技术手册供大家备用备查，更需要常态化技术培训到人，生产指导到田，物资配套到户。从长久计，应该建立一支"找得到、想得起、用得上、靠得住"的专业技术队伍，不断提高科技含量，达到提质增效、农民增收。

当我开小差时，高教授已开讲了。他详细介绍了"西洛3号"品种的特点、优点，及与其他品种相比较也同样存在的缺点。"每个品种都有优缺点，只有适应本地区的气候、土壤条件，品种优势才能充分展现，缺陷不明显。对产量品质没有明显影响的品种就是好品种，不要求新求变，不要迷信。"高教授强调道。选择好品种后，能否早产、丰产、优质，关键在于生产管理，特别是关键技术环节的管理，比如栽种的立地条件、肥水管理、春防低温霜冻、叶部果实病害防控等。高教授就这些关键技术一一讲解，前几排有十多位群众一边认真听一边认真地记着笔记。令我印象深刻的是肥水管理、春防低温霜冻和果实病害防控。

　　肥水管理是基础，一定要给核桃树吃饱喝好，这样核桃树才有营养结果，特别是秋施基肥，要以腐熟的农家肥为主，配合摄入少量化肥和中微量元素。高教授说，有机肥一定要腐熟，否则效果不佳，而且会造成烧根等副作用，也可以加入微生物菌帮助加快腐熟。春季低温霜冻会直接影响核桃坐果率，以及品质和产量，必须高度重视。春季一定要留心当地的天气预报，提前预防比较有效，成本也低。简易而有效的操作办法就是熏烟，但是这个办法，在山区不主张使用，也不能采用，因为极易引发森林火灾。此外，还可以通过涂白主干主枝、喷水或喷施防冻剂、调节剂等，有效预防低温冻害，提高坐果率，稳定产量和收益。影响果实品质的主病虫害，就是大家常说的"黑蛋"，一旦发生，果实外壳呈黑色或有黑斑，严重影响卖相和收入。这个要抓住三个关键：一是在防霜冻前做好清园工作，压低越冬病原基数；二是于五月下旬，在核桃树盘下喷施低毒农药，并浅锄，在害虫破土上树为害之前杀灭它们；三是树上喷药防控，注意药剂选择和交替施用。这样一般能得到有效控制。高教授还特别讲解了核桃皮接法，我当时也似是而非，没有感性认识。

　　高教授紧扣生产实际、关键技术环节，深入浅出。两个多小时的培训在热烈的掌声中结束了，有的人急忙出去上厕所，有的人点燃香烟匆匆而出，也有二十多人围着高教授，好奇地看核桃品种标本，问这问那，高教授仔细解答了几个问题。

"高教授，您辛苦了！"我们簇拥着高教授，边走边道谢。"不客气，下乡讲课培训就是这样，我早已习惯了。我现在年纪大了，来得少了，但见了群众心情好啊！哈哈……"

"老陈，谢谢你了！你看能不能从高教授那儿弄些'西洛3号'真苗子，再让高教授把刚讲的'皮接'方法亲自教一下，让我们学习一下。"书彦老支书的这番话，高教授也听到了。"好啊！只要你们组织来杨凌，我现场教你们。"

在场的兴龙村的干部群众高兴地叫喊："好，谢谢邵教授！"一激动把教授的姓都给忘了……

第二年春季，事先与高教授约好，我们组织了30多个村组干部、技术爱好者赴杨凌。高教授在他的核桃苗木基地给大家讲解核桃"皮接法"，现场手把手示范，又让大家一一现场亲自操作。通过这次现场动手操作培训，大家对核桃"皮接"技术有了更深的理解掌握。后来，村里有几个村民还示范应用"皮接法"，更新发展"西洛3号"等核桃新品种。

铜川帮扶

2003年,我正在商州区沙河子镇看山寺村"两联一包"扶贫,又接到帮扶铜川市王益区黄堡镇安村小学的新任务。当年,8·28水灾,陕西省多地农村小学的校舍损毁严重。一方有难,八方支援。陕西省教育厅组织全省高校捐款,重建受灾农村校舍。

西北大学在陕西省支援重建水毁农村校舍会上认捐25万元。各高校的捐款汇入教育厅统一账户,由教育厅组织排查全省水毁农村校舍之后,统一协调安排对口捐建工作。西北大学被安排对口援建铜川市王益区黄堡镇安村小学。我是学校的扶贫专干,这项任务自然而然由我负责具体对接落实。接到省上的文件已是10月份了,天气日渐寒冷,当年无法进行施工,只能做些前期的联络与基本情况的了解。与王益区教育局对接联系后,对方提供了黄堡镇教办负责人老赵的联系方式,以及具体的位置,并约好时间在黄堡镇汇合,具体对接落实。

说实话,此前,铜川市区我只去过一次,那是1990年受西北大学哲学系委托,前往铜川给毕业证书班学员补考。十多年过去了,这次我只身到黄堡镇。从西安出发,倒了几次车,东拐西拐才到黄堡镇。王益区教育局的计财科同志和镇教办的人员已在此等候。简单沟通后,镇教办赵主任雇了一辆私人面包车,载着我们一行数人前往安村小学进行实地调研。去安村小学的路十分崎岖,弯道很多,一路颠簸。中途经过孟姜女故里——孟家塬。孟家塬村地处塬上，相对比较平坦，沿路两侧映入眼帘的是高高低低的田地，地里栽满低矮的桃树。赵主任指着窗外介绍说："这就是孟姜女故里孟家塬，在黄埔镇东塬上。每年春季，桃花盛开，与别处桃花不同，这儿层层叠叠，金色的油菜花、雪白的梨花、绿色的麦苗点缀在粉色的桃花海里。粉黄绿白，色彩丰富，立体感极强，非常值得前来观赏，可惜现在已是深秋。明年春天欢迎大家前来观赏。"

车辆继续前行，又是七拐八拐，不久便来到安村小学。安村支书郭争战和小学校长已在门口等候，握手相互介绍后，我们直接到现场查看。的确损毁严重，墙体开裂，地基有个别下陷，屋顶漏雨。"这种情况属危房，一定要注意师生和员工的安全，咱们尽快进入工作程序。尽管急，但仍要按规矩办。"我先表明原则态度，区镇同志频频点头，希望早些动工，七嘴八舌地说请多支持一点。"安村小学校舍水毁重建，省厅核准25万，我们也只能按这个额度执行，其他的需要，建议由地方政府酌情支持解决。"我再次明确原则。我们一行在校长办公室简单议了一下，初步决定由区教育局负责工程设计、预算和招（投）标，其实就是议标，镇村及学校全力做好配合和保障工作。议标由西北大学、区教育局、城建局、镇村共同参与。原则问题基本都敲定了，我们各自回去汇报，保持沟通联系。

回校后我立即向杨校长、王主席作了汇报，他们表示完全赞同，要求跟踪落实。

第二年春，王益区教育局主持召开议标会议，杨校长一行代表西北大学参加，会上展示了由铜川市建筑设计院设计的工程图纸。议标严格按规范程序操作。最后，铜川市第三建筑工程公司中标，工程随后进入建设期。西北大学按合同约定的工程进度，付给建设单位工程款，王益区教育局负责工程监理。新校舍当年6月30日竣工，9月1日开学投入使用。终于搬进新校舍，近百名小学生欢呼雀跃，老师、家长也很满意。争战支书笑成一朵花，说："老陈，谢谢你了，帮我大忙了。""不用谢我，要谢，就感谢西北大学。"那天，争战支书非要拉我们到他家吃铜川饸饹，盛情难却，我们几个都去了。他家没有想象中"豪华"，院子很大，几间瓦房收拾得干干净净。他妈和几个妇女在厨房张罗着压饸饹。我们几个在争战支书的房间聊起来，等着吃饸饹面。

"这里的饸饹面是压好后，放在锅里蒸，蒸好再在凉水里冰，再捞出空干后再蒸，如此反复四次，面筋道光滑，浇上臊子，美味极了。"新调任的镇教办主任李北亮介绍道。这时飘来葱香味，不由令人垂涎三尺。"不错，真不错，筋道光滑柔。"我边吃边赞美。

后来，应镇教办、安村小学的请求，西北大学又向安村小学捐赠了部分桌凳和办公用品，以改善学校条件。在一来二往中，我与李北亮主任结成好朋友。聊天中得知，他毕业后在铜川王家河山沟里一所小学教书达8年之久，早出晚归。调任黄堡镇教办后，离家仍较远。他主要从事教育管理工作，他总想通过努力，改善山区小学的条件，组织山区小学的老师外出参访学习，开阔眼界，增长见识，提高教学水平。他多次要求组织小学教师来西大附小参访学习，也通过王益区教育局给西北大学发来函信，请求安排黄堡镇的小学教师来西大附中参访交流学习。我将相关情况汇报后得到了杨校长的支持。于是我们先后分期分批组织黄堡镇山区的教师来附小学习。附小对此很重视，进行了精心安排，准备了观摩听课、共同备课、参加课外活动等丰富内容。黄堡的老师很珍惜学习的机会，个个精神饱满，仔细听、认真看，晚上集中交流。这些老师的敬业好学精神，得到了附小的领导和师生的一致好评。

记得在一期参访学习后，有个山区小学校长小李，深得附小校长认可，反复动员他应聘到西大附小任教，我们也都支持他来应聘。但他已成家，家有妻儿，父母健在，有诸多不便，最终遗憾地放弃了。

几期培训学习，在王益区教育系统反响良好，参训老师们收获颇丰，对教学水平的提高等均产生了积极的效果。

2010年，我借道重访安村小学。这时的安村小学，已是人去楼空，院落杂草丛生，有些凄凉。我有些感慨，好好一座学校，竟如此闲置。应该重新规划利用，可以作为农民技术培训中心，也可以兴办农业产品加工企业。"好老陈啊！但安村常年在家的人不多了，大家平常在外务工挣钱，到了果树管理的关键季节回来干活，活干完了就又都走光了。"争战支书无奈地说。我们聊了一会儿，依依惜别。

2019年，我组织黄山村干部赴铜川参观学习，李北亮事先安排得当，全程陪同，我们又一次来到安村小学。故地重游，这次已非上次看到的景象，校园里干净卫生，教学楼已变成各种培训中心、电商办公室等，挂了很多牌子，脱贫攻坚驻村办公室也设在此。虽然是周末，驻村第一书记依然忙碌不停，借机一聊，又聊开脱贫攻坚了。

走进黄山村

我有一位 20 多年未见的大学同学,他在安徽工作,距安徽省黄山市较近。有一次,他突然打来电话问我在黄山啥地方,他要来看我,我告诉他:"我在陕西商洛市商州区一个叫黄山的小山村,不是你想的黄山。"

2012 年春,得知西北大学"两联一包"扶贫村调整到牧护关镇香铺村,我先后两次来到香铺村调查了解,与村支书等就扶贫事宜对接商议,已着手开展工作。但在后来陕西省委办公厅联商扶贫团于商州召开的座谈会上,文件上显示的却不是香铺村,而是西荆镇的黄山村。会后,我按区扶贫局提供的黄山村党支部王书记的手机号码打了过去:"是黄山村王支书吗?您好!我是西北大学的扶贫干部,省里安排我来黄山村扶贫,我到村里去和你见面。""我不管你是哪儿的,我没有接到文件,等文件来了再说。"吃了个闭门羹,我心里有点不是滋味,只好先返回。

很快,西荆镇人大的干部打电话通知我,让我第二天去黄山村。第二天早上 9 点多,我抵达西荆镇政府,找到这位同志,和他一起去黄山村。几个村干部已在一农户家门口的路边等着。"老陈,对不起,现在骗子电话太多,没办法只好先推掉,欢迎你啊!"这肯定是王支书了。"没事,警惕性很高嘛,王支书!以后要共事,时间长着呢!多多关照。""你是黄山村的贵人,我们一定全力配合,毫不含糊。"王支书快人快语，我与其他村干部握手，他们或微笑或称欢迎，我们一行人边说边走进农家院中。院中有位70多岁的老妇人和两个中年妇女说着话，见我们到来，出入厨房忙碌着，准备午饭。

六七个人走进房间落座。午饭是素臊子面，很是可口，令人回味。下午我和几个村干部聊天。他们介绍说，黄山村是一个小山村，有9个村民小组，人口1000左右，从村这头到那头有10多里长，村民分散居住在沿主干道分岔的沟道山坡上。人均1.1亩地，都是些坡地，平地很少。大多数青壮年外出打工，村里老人居多。有一座小学，4个老师，20多名学生。校舍是九年义务教育阶段由多方筹资修建的，比较安全。村委会的办公场所是几间低矮瓦房。通村的主干路已硬化，通组路是土路。有几户养猪羊，核桃有200余亩，森林面积大，覆盖率很高。

"老陈，村里的大致情况就是这样，比较穷，条件差。你要受苦了。"王支书说。"没事，十多年了，习惯了，尽管条件差点，但这里空气好，吃的菜啥的都是无公害的。我们来可以做点啥事，你们先提提。"在场的几个村干部相互对视了一下，齐刷刷盯着王支书。

"我看先考虑干这几件事，新建一座两层的便民服务中心，也就是村委会办公室，再把几条通组路硬化一下，资助一下学生们，至于产业了，培训了，也可以搞搞。"王支书很认真地讲道，一字一板，抑扬顿挫，其他几个村干部纷纷点头表示同意。"你们估计这些事儿办下来需要花多少钱？""几十万就够。"王支书答道。"这样吧，初议此事，也不能操之过急，哪天我们在一起再仔细研究商议。"我说道。当晚，我被安排在村民老四家休息。

第二天早上，我还是老习惯，早早起床，到村里走路锻炼。路上碰着一位王姓老人，70多岁，一笑只有两颗门牙在站岗，我和他聊起来。我说村里青山绿水的，环境不错，空气清新，深吸一口空气，沁入心脾。老人说："现在比以前好多了，以前是黄山黑石头，发展没前途，山大沟深，石头多，到处都是老鼠窝。毛老鼠出来排成队，兔崽子到处垒成窝。现在青年人都打工走了，没有多少人种地，再没有人砍树烧柴。满山的树也长起来了，比以前好多了。"

和老人话别，按着老人指引的路线，我摸索到小学学校。只见学校有两层校舍，校舍不大，操场上有几个孩子在玩耍，北边有几间矮小的瓦房，门上挂着黄山村委会的牌子，字迹模糊，看上去破损严重，门窗狭小，想着里边的环境也定然阴暗潮湿。从学校出来，直行有条路，我打听了一下，这是从二组通往四组的通组路。路面不平，坑坑洼洼，路边几十米旁分散着陈旧的民宅。我顺着这条路往主干道上走，看到与主干道相交处，较密集地住着几户人家。

我回到主干道上，沿着主干道返回老四家。老四家里已经做好早餐，凉拌灰灰菜、土豆丝和咸菜、稀饭，茴香锅盔很香。吃饭时，王支书骑着摩托来了。

早饭后，另外几个村干部相继来到老四家，我们就村里的扶贫项目，又非正式地聊起来。王支书强调，先建村委会办公室，即先把"党员群众活动中心"建起来。把基层阵地建好，才能更好地凝聚群众，发挥党支部的战斗堡垒作用。王支书说得没错，其必要性紧迫性可以理解。"我去看了现在的村委会办公室，的确条件差，需要修建，我会优先考虑上报学校。具体的选址、图纸、预算、招（投）标、施工由村里主导负责，一切要按程序办，确保工程质量和施工安全。"我表明态度，村干部们频频点头，这件事也就这样初步定下来了。

党群活动中心

来过黄山村的"西大人",转过十二险岭弯,一眼就能看到远处左前方方向的白色二层小楼。小楼镶嵌于青山之中,非常抢眼,楼顶悬挂的五星红旗迎风飘扬。这便是西北大学捐建的"黄山村党群服务中心"。

那时,按照基层党建的要求,由组织部门牵头,建设村级党群活动中心。黄山村的党群活动中心,由西北大学出资捐建,按照商州区组织部统一的图纸、预算,经黄山村负责选址,按正常程序议标后,开始动工建设。翌年春,工程主体完成,进入内外粉,一座崭新的二层楼落成,很快就可投入使用。黄山村三委会办公室将由坡地搬至地势平坦、交通便利的新场所,方便联系群众、服务群众。但这时新问题来了,原来的办公用品无一可用,就是用,新旧不匹配,非常不协调。后来,我与王主席商议,决定挤出一些扶贫办经费,购置椅柜、会议桌等,把党群活动中心装备起来。后续几年又相继添补了凳子等,现在办公用品比较完整齐全。我也曾自豪地告诉来黄山村的西大人,踏入这座楼,就像步入西大一样,这里的一切都是西大捐的,凝结着西大人的浓浓情意。

2015年,我与第一书记姚天保从他们成教学院报废的旧办公用品中,挑选了一批桌椅柜子捐给黄山村,补充改善办公条件。第一书记刘晓宇用省市区配套的第一书记经费购买了一台电脑,拉了网。从此,黄山村进入信息时代,提高了办公效率,方便了上下沟通联系,助于迅速完成上级交办的各项任务。然而能熟练使用电脑的人不多，干部年龄老化，新上任一位年轻的文书，现代化的办公条件才真正派上用场。由此可见，基层干部队伍需要更新培养，需要培养一支年轻化、专业化的队伍，这样才能与时俱进，促进发展。

2017年，根据需要，又先后硬化了院落场地，进行绿化美化，又盖了间活动板房，党群活动中心的条件不断完善。

记得区里有位领导来黄山村检查，他严肃指出，党群活动中心一楼大厅缺少一个便民服务台，要求尽快到位。村干部紧急安排，无奈囊中羞涩，村里每年的经费只有2万元。无奈之下支书找我们商议，我们从生活补助费用中列支解决了这笔费用，一周时间便民服务台就安装到位了。

黄山村的党群活动中心，已成为西北大学推进脱贫工作的作战室。几年了，在这里，西北大学的党政领导，各职能处室、院系党委的负责人，在这里共商黄山村脱贫攻坚之大计，谋划脱贫之策，解决脱贫工作中遇到的难题，全力推进精准脱贫。几年了，也是在这里，西大学子汇聚，学习国家脱贫政策，调研扶贫实践，共议脱贫之策，提供法律咨询、家电维修等惠民服务。也是在这里，完成了两委班子换届，健全班子，知民意，解民难，消民愁，办实事好事。由此而见，该活动中心体现着党群鱼水情，彰显着以人民为中心的发展理念和全心全意为人民服务的党的根本宗旨。

在这里，我们奋战了一千五百多天，春去秋来，享受过夏季凉爽，忍受过冬天里的刺骨寒风。有多少个夜晚，我们加班加点，或开会商议，或完善资料，或与群众交谈，这里的每一个地方都留下了大家奋斗的足迹。这里也珍藏着六年多来各种脱贫攻坚档案、记录、佐证材料等，见证着黄山村脱贫攻坚的点点滴滴，凝结着黄山村脱贫攻坚一线的辛勤与汗水。

党群活动中心使用了六年多后,逢雨季,开始有几处漏水,影响使用。特别是 2019 年雨大久长,漏水明显,一楼的档案也被淋湿,我们十分痛心,天晴后将淋过的档案拿出去晾晒,但有些已损坏严重,我们又重新补上,煞是费劲。

2019 年秋季,我们组织人力对屋面进行了全面防水处理,此后大为改观。

修　路

要想富，先修路。黄山村主干路是硬化过的，通往村委会安全方便。2018年，商州区交通部门对这条主干路的两边进行了加宽，两侧各加宽50厘米，又将几段破损处进行了重修，加了一层，主干路变得光鲜许多。

黄山村的村民分散居住在主干路的两侧和三条宽窄不同、长短不一、形态各异的沟坡中，通组路均是土路，坑洼不平，出行不便。修筑硬化这几条通组路，群众期盼已久，也是我初到黄山村时，干部和群众希望解决的问题之一。黄山村党群活动中心主体完工后，王支书立马提出："老陈，咱们前头说的修通组路的事，你看咋办啊？"我说："活动中心建设已将三年的专项扶贫款用完了，要修路的话，修成什么标准呢？大体需要多少费用？""先修三组的沙石路，组里投劳力，需要1万元就行。"王支书快人快语，干脆利落。"那好，我请示一下学校。"几天后我给村干部反馈了西北大学的指示意见："学校同意支持修三组的沙石路，支持费用1万元，为以后硬化做好基础，由村里组织实施。"

当年，三组路动工修建，过程也颇为曲折。路面要宽窄一致，势必涉及沿路某些村民的耕地和路边的树。修路方便大家，人人都说是好事，但要占用他（她）们一二平方米的地、砍伐几棵树，就不那么好说话了。为此，我们和这部分村民反复协商，无形中延误了工期，也增加了成本。最终，三组沙石路通了，基础还不错。后来交通部门立项对这条路进行了硬化。

修了三组路，四组群众的呼声扑面而来，四组路的修建也必须列入议程。资金方面由我来负责协调解决，沿路协调的事，由村里和四组的干部与群众协商解决。资金协调解决后，由村里组织施工，四组派员监督，责任分清，各负其责。其实，修路要把握好筹措资金、扫除障碍、监督质量三个重点。扫除障碍交由村组干部协调解决，只要遇事认真处理，都有办法使问题得到很快很好的解决。由本组干部和群众代表负责修路的质量监督，他们能尽心尽力。但此次筹措资金，就不那么容易了。学校难以解决，我冒昧求助于当时在商州区挂职的张副区长。"张区长，黄山村四组有多个种植和养殖大户，通组路是土路，出行不便，下雨天真成了'水泥路'，请您协调解决部分资金，帮助我们把这段路硬化了。""有多长？大体需要协调多少钱？""不足一千米，希望能协调解决10万元，多了更好。"张区长郑重其事地边记录边说："我先来协调吧，不敢打保票，如果协调得差不多了，我带着相关人员到村里实地看看。"我一听有戏，可以寄希望于此了。尽管心里有点小兴奋，我表面上还是很平静。回村后，村干部向我打听结果，我只说："见了张区长，看情况吧！"情况未定，还真不敢满口应允。

不久我突然接到张区长来电："陈老师，在村里吗？我们来黄山村看看。""欢迎欢迎，我在村里等你们。"我心里嘀咕，可能有情况。下午张区长一行四人来村，简要听取工作汇报后，张区长直接说去看看四组那段路，我心里高兴坏了，觉得大有希望。我们一行沿着通往四组的土路，来到了黄山村老学校旁，沿路看了路基情况。

我急忙汇报："各位领导，这条路计划从这棵树下一直修到二组路口，与主路接上，大约一千米，请大家给予支持。"在场的村组干部也随声附和。突然一个大个子中年男子说道："张区长，我看这段路没有一千米。"四组党员李改宪回应道："这段路具体多长没有量过，我们只是大概估计的。"张区长说他估计有 800 多米，大个子说差不多。说实话，要问这段路准确的长度，我还真不知道。我不由懊悔自己的工作做得不到位。这时，大个子男说："我先往下走，用步子量一下就知道了。"说着他就走了。我们一行也跟着往回走，等我们到达二组路口与大个子会合时，张区长问道："多少？""我量了 820 步，就是 820 米左右，我一步大约一米。"大个子喘着气说。这时张区长说："量步子的这位同志是咱区交通局的同志，这两位是国家邮政总局的驻商扶贫干部。今天我们来实地看看，谢谢大家。"说完把我叫到一旁说："我协调区交通部门，他们没有办法，后来我和国家邮政总局驻商的同志协商此事，他们的领导认识你，表示同意上报协调解决，估计 10 万以内。今天大家主要是过来实地考察了解。"我紧握着张区长的手连声道谢。

没多久，我们得知国家邮政总局支持 8 万元，帮助修这段路。村里开始组织实施动工，四组李改宪、王孝谦参与其中，代表全组群众监督质量。不到一周时间，很快就完工了。从目前的情况看，整段路没有破损，质量较好。我从这件事中体会到，任何一件公事，只要把它当作自己家里的事去谋划、办理，就是差，也差不到哪里去。

四组通组路硬化完工后，村里又递来了硬化六组通组路的计划方案，于我来说，又是一道难题。我建议由村里先向镇区报告，争取区交通局的立项支持，这件事就这样先"放下"了，因为这时精准扶贫已经开始了，需要调整帮扶思路和方案，扶贫对象要求精准到户到人，修路的事实在有些为难。但后来多方争取筹措，准备组织硬化六组通组路。西北大学也从年度扶贫办公费中抵出 4 万余元给予支持。很快，六组通组路如期硬化完工。

后来，我主动多次排查未硬化的通组路，主要有通往九组、西坡和八组的通组路，共约 2.9 公里。我专门起草了报告，又在镇政府换成正式文件，报区交通局立项，也多次找相关领导商谈、汇报，希望争取将这几条通组路予以硬化。但后来陕西省的文件规定，通组路硬化必须符合该组常住 30 户以上的条件，方可立项。我们仔细排查研判，发现哪个组的常住户都没达标，于是此事只能暂时搁置。对此，我心有遗憾，思存愧疚。

贫困户重新识别

2017年4月17日,陕西省"数字清洗,重新识别"整改电视电话会议召开,拉开陕西省脱贫攻坚整改序幕。

当天,我们早上7:30进入大荆镇分会场参加陕西省整改视频会议,这次会议设省市县乡四级会场。会议通报了上年度的考核结果,省上全面安排部署陕西省"数字清洗,精准识别"的政策、程序和时限要求。主会结束后,商州区继续召开电视电话会议。

商州区分管领导解读商州区整改方案,区委张书记作了重要讲话,再动员再部署。这次会议长达7个小时,估计大家都已"肚肠响如鼓"了,我已是虚汗满头手发抖,幸好刘晓宇给了我一块水果糖。

精准识别、精准帮扶、精准退出,是中央对脱贫攻坚的精准要求。精准识别是打赢脱贫攻坚战需要扣好的"第一颗扣子"。第二天我们参加镇会议,镇领导进行具体安排,强调严格把握"十不进""十不退"政策界限,严格逐户入户核查、组评议、组公示、村评议、村公示的"两评议两公示"程序。会后我们领到"十不进""十不退"政策宣传单回村张贴宣传。

按"十不进""十不退"政策要求,肯定有不符新政策的原贫困户需要剔除。黄山村在具体操作上坚持明确政策,程序不乱,实事求是。入户调查是基础,我和刘晓宇与村干部一起对原142户贫困户逐组逐户调查核对，采集信息，现场填写表格。每天早出晚归，精疲力尽，晚上继续挑灯夜战。有天在四组入户调查，晚上突然停电了，但时间尚早，几个年龄较大的村干部建议说："今晚算了，明天再干。"晓宇说："点上蜡烛继续吧！你们几位老兄问的问，查资料的查资料，我负责填写。"就这样秉烛加班向前赶，事后大家都称赞晓宇不愧是军人出身，军人作风。

近两个月的时间里，天天如此。对在村的农户，入户实地调查采集信息；对在外务工的农户，电话核实录音，邻里调查佐证。入户调查完成一个村民小组，由本组组长通知召集本组村民，召开民主评议会。评议会上介绍情况后，本组村民发表意见，逐人记录在案。如此这般，入户调查、信息采集、小组评议，一个多月基本完成。这中间遇到政策界线问题，如单户老人咋样识别，经请示，答复单户老人不能单独识别为一户贫困户，必须和在村生活的子女合并识别为一户。政策明确后，问题又来了，多子女咋办呢？我们建议在符合政策条件的情况下，由老人自己决定。这样老人户基本和与他们生活紧密的子女合户识别为一户。虽然我们已经很细致，但仍有遗漏，如有村民反映，三组周姓老两口70多了，只有一个儿子，应该合并在一起。接受群众监督，有错必纠。我们立即将其合为一户，尽力做到精准。

剔除老贫困户是重新识别中最难的事。按政策界限剔除，有个别户不情愿，需要耐心反复解释做工作，反复入户调查核实，在邻里处再调查核实。

村级评议公示上报后，最为费时费力的是填写各种表册和一整套建档立卡贫困户档案，又是加班加点，几乎天天如此。这段时间里，方便面已成为大家晚上加班的标配。更难的是，刚上报的表册，过两天又需要重新报，而且是电子版加纸质版。村里几个干部都不会操作电脑，我会但速度很慢，此类工作多半是刘晓宇一手完成的。有时要得急，晓宇拍照发给他同事请求帮忙，有时我也拍照发给我爱人或外甥让其帮忙，我爱人常说："我们一家人都跟上你扶贫了。"

重新精准识别，夯实精准扶贫基础，从上到下建立一整套资料档案，所有基础资料都要上传到省办、国办系统中，项目较多，数据翔实，时间紧迫，村文书和刘晓宇吃住在网吧，一干就是一周。我承担了纸质资料档案的填写与整理，完整建立起黄山村建档立卡贫困户档案，又将其分为新增贫困户、保留贫困户和返贫户，用不同颜色予以区分。

按照政策标准、程序等，反复入户调查核实，严格识别程序，自觉接受各方面监督，尽力做到精准，这是脱贫攻坚工作的基础。尽管工作繁巨，时间紧，任务重，很疲惫，但我深知这是一名驻村扶贫干部的职责。只有精准识别，才能做到精准帮扶，才符合"工作务实、过程扎实、结果真实"工作要求。

安全饮水

"老陈,能不能想办法给咱把水解决一下?"这是我某次入户路上遇到二组李俊华老人,他对我说的话。后来这句话一直在我的脑海里闪现。我曾三次到二组入户实地调查实际情况,一组和二组的用水是早前纳入集中供水解决的,但因位置偏高,只有回流时水位上升后,才有自来水,而其他组有集水、蓄水池,可以靠自然压差自流饮水,九组有抽水井,但都存在干旱时季节性缺水的问题,特别是常住村的老人居多,每逢季节性缺水,或故障性缺水时,挑水取水之艰难,着实令人心酸。因此,我暗下决心,要尽最大努力解决村民的安全饮水问题。

水是生命之源,脱贫攻坚,在贫困户退出"两不愁三保障"的标准中,安全饮水是硬指标之一,要求必须达标。在充分调查之后,我与村干部通了气,立即起草报告,向镇党委政府的主要领导先作了汇报,得到他们的支持后,以镇政府的名义专门出具文件。我与刘晓宇一起向区扶贫局汇报相关情况,在扶贫局的指示下,我们联系了区水务局领导,不巧的是,当天区水务局的领导下乡了,让我们把报告送水务局的办公室。于是我们又赶到区水务局将报告交给办公室的工作人员。这是2017年暑假期间的事,当时天气异常炎热,我俩马不停蹄跑了大半天时间,汇报协调,送达报告,衣服上的汗可以拧出水来。

后来我们去水务局,拿到了签批的报告,这事终于落地了。2017

年重阳节早上，村主任马平娃接到通知，让他到区水务局签订合同。按照方案，共需修建集水池8座、储水池8个，打井一口，铺设管道2500米。村三委商量，将工程分解到所涉及的组实施，由各组组长负责。同时，按具体测算，仍有5万多元的资金缺口，我向西北大学汇报，学校同意调整当年专项资金的使用计划。落实了缺口资金，整个工程开工建设。

本组施工，本组群众监督，本组群众受益，能充分调动群众的积极性，实施有效监督，便于保证质量与工期，但实际上，互相对比仍有差距。

工程实施中，发现二组8户群众虽然有管网、水池等设施，但由于地势偏高，仍无法解决用水问题，特别是王占民、马正娃两户养殖户，李晓波、马长勤等残疾户，饮水矛盾和呼声日紧。我多次到各户实地调查，与大家一起商量解决办法。随后在调查中发现，核心问题是水源。大家建议将四组一口老井的井水引下来，那么问题就迎刃而解了。我和村干部又与四组的干部群众一起协商，他们要求得到一点补偿，同意引水下来。一切商定后，王占民组织12户群众出工，开沟埋管。管道大约有1500米，因地势高低不平，安排分段实施，施工场面感人。我也沿着河道，深一脚浅一脚走了上去，和王占民等一起查看了水源地。我见井水较浑，就建议先把井淘一下，再往上砌起来，既集水，又能沉淀干净。王占民与大家商议后，就这样办了。我沿河道下来，遇到了参加施工劳动的马志文，他老远就大声喊道："老陈，你给我们把大事办了。有水了，就是我死了，娃也不遭饥荒。"老马的话让我感动，我想，只要我们心里想着群众，急群众所急，解决群众之所愁，群众就会铭记于心。每个党员干部履职尽责，心系群众，党和政府的形象在群众心中就是一块丰碑。怕就怕，整天只想着自己的事，身在心不在，出工不出力，不作为。

安全饮水

在贫困户脱贫五项指标中，安全饮水是指农户取水垂直距离不超过 80 米，往返不超过 800 米，往返时间不超过 20 分钟，水质安全，人均日用水量保证 20 升，季节性干旱 95％有水。为彻底掌握安全饮水实情，我和村文书郭刚组组排查了水井，目测井内口径，用竹竿测量水深，用步丈量了到附近农户的距离，并用手机定位每口水井的经纬度坐标。按照记录的数据，我们又绘制了水井分布图，图上清晰标注着黄山村主要水井的位置、口径、水深、到农户的距离等基本数据，力求一目了然、心中有数。可以说，按脱贫安全饮水标准，村里是达标的。当然，因应达标考核验收是一个方面，最终目的是切实解决群众的安全饮水问题。对任何事关群众的事情，绝不能心存侥幸，为了脱贫而脱贫，千万不能把手段当作目的，更不可把机遇当作本事，凡事要尽心尽力，实事求是。

2019 年冬季，西北大学出资采购了一批水管防冻保温材料，并组织专门人力，为全村在村群众家里的水管包裹了防冻保温材料，尽最大努力防止因冬季气温低引发水管破裂，造成群众饮水困难。这一为民举措，群众满意，镇党委政府给予了充分肯定。春节前夕，应商州区委政府要求，村里对全村各户的饮水进行了全面排查，对存在的问题及时整改到位，确保群众饮水安全。

安全住房

群众安全住房是脱贫住房、合疗和教育"三保障"硬指标之一。

部分贫困户原有住房的确令人担忧。黄山村120户贫困户中，有一多半贫困户的住房存在安全隐患，墙体开裂，倾斜漏雨，其中一些贫困户散居于高寒山坡，雨季住房随时有被滑坡冲垮掩埋的危险，生命财产安全存在很大威胁。居住在降山半腰的王岁灵，一家几口挤在三间房中，房屋已有上百年历史。三组郭小红家的土坯房修缮过多次，条件很差，又无力危改新建。像这样的情况还有很多。

易地扶贫搬迁是最彻底的脱贫之策，从根本上解决一方水土无法养活一方人的问题。黄山村80户易地扶贫搬迁户，最高交1万元，按建档立卡识别人口，安置一套房。这是莫大的惠农政策，许多搬迁户真诚感慨道："共产党比我先人对我都好。"但在落实入住时，遭到了很多阻力，有些有一定经济能力的搬迁户，忙自己的事情，推三阻四，迟迟不动工；有些像在等啥政策似的，就是不急，影响入住的进度。为此，村干部已连续三周被镇里通报批评，工作一时进入胶着状态。当工作处于这种状态时，就要跳出事外，冷静思之，商议研究对策。后来我们决定树样板，撕开口子，各个击破，再给已动工装修者和跟进者予以鼓励，局面开始扭转。

在几户已完工，20多户已近尾声时，我们决定召开黄山村易地搬迁户第一次奖励大会，会上对受奖励搬迁户进行红榜表扬，对未动工搬迁户进行黑榜批评。马支书重新讲解了有关文件要求，我也对与会村民说："贫困户脱贫退出几项硬指标，其中安全住房是核心与关键，大家享受到国家脱贫惠农政策，最多花了1万元，安置一套房子，是多大的优惠。大家种地、务工需要多少年，才能买上一套房子。现在有新房子了，给儿子说媳妇也有一定条件，容易许多，大家要多想想，配合工作，加紧进度，你们住新房，安全了，我们也不操心了。你们外出务工，家中老人也放心了！如果不能及时搬迁入住，国家这项脱贫惠农政策就没有真正落实啊！"整个会场鸦雀无声，大家不住点头。我又恳切说道："今天西北大学出钱对已完工和已近尾声的搬迁户给予物质奖励，是对大家表示感谢，也请大家帮忙给邻居、对门、亲戚、朋友做些工作，尽快动工装修入住，加快进度。""西北大学对我们帮助很大，大家有目共睹，几乎家家都是受益者。老陈在咱们村八年了，费神出力，大家不能再让他流泪，我们都应该有点良心啊！"老支书王志盈动情地强调说。

奖励发挥了积极推动作用，装修进度明显加快。村四支队伍（村两委干部、镇包村干部、驻村工作队员、第一书记）也先后三次实地入户检查，督促未完工者加快进度，已装修完工的按标准要求入住。8月初，根据进度进行了第二次入住奖励，有几户的确给了我们很大配合，但时至9月底，仍有几户未完工实现入住，成为我们不断督促的对象。

易地搬迁工作贯彻于脱贫攻坚工作始终，是最大的惠民工程。在黄山村易地搬迁户装修入住艰难推进中，一组李平娃等三户自动放弃搬迁安置。李平娃60多岁，儿子残疾，仅2019年度我就单独或者与村干部一起家访过8次，苦口婆心，动之以情，晓之以理。他说："不说了，我都活得不耐烦了，弄房给谁留。"言语间充满无奈绝望，他坚决签订放弃协议。黄山村没有经济能力对他的现有住房进行修缮，村里提出由西北大学提供帮助，将他的住房予以修缮，同时还包括对李官侃、南良良、王志民等其他未搬迁的贫困户住房进行排查修缮，确保安全。我们报告学校批准后，即进行修缮。目前，住房基本安全达标。此外，又出资在原村小学为三户贫困户收拾出三间房，确保其有一处安全住房。

放弃退出易地搬迁的贫困户，有各自特殊的原因，也有先期错失机会的，后来三番五次申请搬迁房，如王秀余等两户，他们的房屋的确破旧，存在安全隐患，应予解决。一次，镇党委书记周涛来村检查，我硬着头皮提出解决王秀余等两户搬迁安置房问题，周书记详细询问各家情况，一一记录，"我想办法"的答复，使我心里轻松些许，后来真办成了，大家很高兴。现在王秀余等两户已装修入住。周书记每次来常说的"我不听成绩，只听困难和问题，我来尽力协调解决"，句句震撼着我。基层需要更多这样务实为民的好干部。

旧宅腾退是三项协议中约定必须承担的义务，我们会同村干部挨户做工作动员，采集坐标上传，组建施工队奋力推进，到 2018 年底完成 85% 腾退任务。有些户有老人，故土难离，有些户借故不拆，不能强行而为，只能反复做细致工作，由易而难，有序推进。

易地扶贫搬迁是恢复生态、断绝穷根最彻底最有效的扶贫方式，实现了既要"绿水青山"又要"金山银山"生态保护与发展的长久目标。但易地搬迁对象多数是像黄山村这样的边远山区的贫困群众，生活习惯、文化程度、思想观念、劳动技能的差异，导致他们对城镇生活有一个适应过程，特别对一些老人来说，这个过程甚至会很长，因此必须下功夫对搬迁对象继续帮一把，扶一程。从技能培训、产业培育、劳务组织、习惯训练等方面抓好搬迁户帮扶后半篇文章，提高群众满意度，真正实现"搬得出，稳得住，逐步能致富"。

产业扶贫，光伏认领

习近平总书记强调："发展产业是实现脱贫的根本之策。要因地制宜，把培育产业作为推动脱贫攻坚的根本出路。"

商州区委政府培育发展产业，促进产业脱贫，精心谋划，着力持续推进。"4+X"产业脱贫模式，即光伏产业、食用菌产业、劳务产业、菊芋产业和各镇村特色产业。集中在龙山建设光伏发电站，由贫困户每户投资1.4万，财政配套1万，共2.4万，投入到光伏产业中。黄山村四年累计分红55.68万元。随着一笔笔分红款汇至贫困户账户，大家才真正相信，也才开始期盼和关注自家分红。

记得2018年，开始集中宣传光伏认领政策，村民们倒也认真了解，但积极响应者寡，不相信者居多。我们下组入户宣传动员，说什么的都有——"看着像个好事儿，交1.4万元，能分红吗？""到时候不分红了，我找谁去？""老周说得对，不分红，1.4万谁还？""贫困户哪里有钱交？"不过，我想对于新事物大家肯定有个认识过程，只要反复做工作，引起大家关注，大家热议起来就是取得了阶段性的成效。通过入户宣传，更能了解掌握大家内心真实的想法与顾虑。了解情况后，再协调解决，其中关键点是如何再分类化解。对于光伏认领，主要问题是有的不愿出钱，有的是真没钱。如何化解呢？

陕西省委办公厅联商扶贫团李宏升同志曾多次提醒，在帮扶工作上要争取国家和地方政府扶贫政策支持，吃透用好政策，推进政策落实，惠及百姓，加快脱贫步伐，提高脱贫质量。黄山村是非贫困村，开始时有些贫困村的脱贫政策不能享受，后来政策进一步明确，贫困发生率较高的非贫困村，可以参照贫困村享受相关政策。我在商洛市组织的全市干部培训会上，见到商州区副区长罗继民，向他汇报了黄山村的脱贫工作，争取黄山村享受贫困村相关脱贫政策。他表示将考虑予以支持。不久后，罗区长带领区脱贫攻坚"八办三组"负责人来黄山村现场办公，明确表示支持成立"黄山村互助资金协会"，区上注资30万元。互助资金协会正式成立后，我提醒协会班子成员，遵守协会章程，规范运作，我们帮扶干部不参与、不干预。互助资金协会为10多户实在交不了光伏款的贫困户办理了光伏借款，加上贫困户小额贴息贷款，基本上解决了部分贫苦户资金不足的难题。尽管如此，主动交款的仍然寥寥无几。工作推进缓慢，咋办？我请示西北大学同意后，决定给交款前50名每户奖励200元。信息发出，村民各个争先恐后。至此，大家纷纷交款。"老陈这个办法好，迟早要交款，现在奖我200元，真高兴，又弥补来回的车费，这多好的奖励。"奖励仅是手段方法，目的是迅速完成光伏认领，让这项脱贫产业真正落地，惠及百姓。

  后来我抽空约了马支书驱车到龙山，实地看了看光伏电站，场面宏大，建设已基本完工。我们照了一些照片，将照片展示给贫困户，让他们放心。光伏认领到最后剩余两户，这两户后来自己拿着现金前来交款，但交款时间已过，交不上了。这两户没有光伏产业，很遗憾没有光伏产业分红，本人更是懊悔不已。

  "老陈，昨天光伏分红打了1500元，这事是真的。"一大清早，王善娃就跑到办公室向我报喜，满脸堆笑，他仅余的两颗牙显露在外，脸上沟壑更深。"你不是不信吗？"我反问道。"我是借互助资金协会的款，现在好了，真的，你别生气，你都是为我好。"老王说着笑成一朵花，那两个站岗的大门牙更露了。

任何新事物有个被认识的过程，需要我们反复细致宣传解释，帮助群众理解，提高认识。需要深入调查研究，找出关键的症结，寻找合理合法的有效措施予以化解。需要采取切实方法推进，不等靠，不气馁，不抱怨。深入调查研究，持力推进，事就能办成办好。我想驻村干部一项最基本的职责，就是把政策落实落细，这也体现着一名驻村帮扶干部的责任担当，更能锻炼提高个人能力。

食用菌的成与效

食用菌产业是商州区又一脱贫产业。采取集中建棚生产，统一销售，贫困户认领分红，不需要资金投入，只需要承担在村公益劳动80个工作日。这项脱贫产业政策是贫困村的"标配"。

食用菌产业主要是香菇，香菇生产是商洛的传统产业，有基础，有技术。随着消费者对菌类食材功效的再认识，香菇消费受到青睐。作为传统产业，小规模生产仅能养家糊口，与外出务工收入相比，效益较低，费时费工，并承担着市场经营风险。综合因素叠加影响，香菇产业发展，需要集中规模化生产经营，对接大市场，降低生产经营风险，增加效益。食用菌作为传统产业，作为脱贫产业培育发展，可谓精准。区政府鼓励支持贫困户建棚生产香菇，集中供应菌棒，质量可靠，每袋菌棒补贴2元，力度可谓很大。正是由于有这项好政策，促使我萌生在黄山村搞香菇生产试点的想法，这一想法也得到村两委的支持。稳妥起见，我和刘晓宇商议，先组织村组干部去香菇生产基地参观学习一下。

七月天气炎热，我们一行来到砚川香菇基地参观学习。走进大棚，顿感湿热扑面而来，基地技术人员向我们详细介绍了香菇架的长短，菌棒长度，摆几层，温度、湿度如何控制，等等。"像现在的天气，香菇生长较快，特别需要调控棚温，采取喷淋清冷水，降低温度。棚内湿热，要调控通风。"技术人员一边讲解一边现场操作示范。村组干部看得认真，问得很详细，还兴致勃勃地参观了烘干炉。各个兴致浓烈，参观学习取得良好效果，回来马上就讨论研究此事。我先表明看法："咱们已经看了，大家都认为能搞，我看毕竟在黄山是个新事情，先动员几户，少量生产出来摸索经验，成功了，我们再扩大生产户和规模，这也是农业技术推广必须走的试验、示范、推广的路子，这样比较稳妥。""大家推荐几户，我们下去动员落实。"王志盈支书安排道。大家讨论推荐了一组袁木匠、二组志盈、三组小红、五组王善娃、六组红彦、七组秀喜，村监委主任忠印说他和改宪各搞一点，这样各组都有，九户试验户中有六户贫困户，两户村组干部，一户共产党员，结构合理。于是安排分组，入户动员落实。大家商定了统一政策，由各户自行负责建棚，每棚2000袋规模，每袋菌棒享受政府产业补贴2元，另2元由西北大学补贴，各试验户零风险起步。

经过动员落实，九户都乐意干，开始筹料建棚。棚子建得有模有样，比较标准的算是木匠、小红、红彦和王善娃。后来的多半年中，冬季几场大雪后，几个棚被毁，有人说这里气温低，适宜搞夏菇，有的说很费劳力，效益不行，种种说法喧嚣尘上。而且传来销售不畅、效益不好等坏消息，大家犹豫了。尽管召集村干部专题讨论过几次，仍然无法统一意见做出决定，事情拖了下来。我很被动，处于两难之间，好在没有更大的风险，但仍不时传来各种非议。最终，香菇产业试验夭折了。

事情虽已过去，但芒刺在背，隐隐作痛。这件事引起我更多反思，产业该如何培育，产业脱贫政策该怎样落地，惠及百姓？我深刻明白，没有产业，脱贫基础不够牢靠，脱贫质量无法再提高，返贫风险加大。如何调动贫困户积极投入到产业发展中去？我陷入很长时间的思索。

毕竟是遗憾，我总想弥补遗憾，补上这块产业短板。争取食用菌认领分红政策，应是可行的办法。一次，商州区委督查室同志来黄山村检查驻村情况，在交谈中谈及香菇生产夭折之事，我不免有些伤感，他安慰我说:"老陈,你都是老扶贫了,对基层情况非常清楚,很正常,没啥遗憾伤感的。""我总想把这块补上,心里能好受些。""我们都来想办法促成吧!"他的话点燃了我心中的希望之火。

好事多磨,终于等来他的电话,说已经给区委政府汇报了黄山村的产业脱贫情况,区委政府很重视,决定给予黄山村食用菌认领政策支持,让我带上贫困户花名册按规定去办理。我欣喜若狂,连声道谢!很快,我与文书制作出贫困户花名册,每户认领食用菌5000袋,并给大荆镇政府打了"黄山村食用菌认领报告"。第二天,到镇政府找镇长签字盖章,不到10分钟镇政府的手续便办完了,十分高效率。

贫困户食用菌认领办妥了,不仅弥补了我的遗憾,更让贫困户多了一个脱贫产业,可增加收入,夯实产业脱贫基础。

支教成才，拔穷根

"扶贫先扶智"是习近平总书记新时期对坚决打好打赢脱贫攻坚战的新论断之一。让贫困地区的孩子接受教育是扶贫的重要内容。资助培养一名贫困生成才，脱贫一户贫困家庭，造福一村。教育扶贫是根本之策，教育成才拔穷根，可阻断贫困代际相传。

西北大学在二十多年的扶贫实践中，始终把教育扶贫放在首位，抓根本，彰显鲜明导向；持续抓，体现教育者情怀。在黄山村脱贫攻坚期间，西北大学先后资助各级各类学生70多名。从2015年起到现在的短短五年中，黄山村考出去接受高等教育的寒门学子有51名，这很了不起。黄山村已经形成家家重视教育、人人努力成才的良好氛围。最早接受资助的五组王超凡，毕业于西北大学物理学院，现就业于三星公司，月收入近万元，成功使家庭彻底摆脱贫困，迈向小康。

"老陈是我家的贵人。他在我们全家为两个儿子上大学的学费发愁时，送来了资助金，帮助孩子圆了大学梦。"这是二组李志盈接受采访时常说的一句话。他和老伴在家栽植管理了30多亩绿化苗木，投入较大，借债较多。目前，还没有更多回报，夫妇俩农闲时仍坚持外出务工。尽管如此，他们对两个儿子的教育非常上心，孩子们也很努力。老大从延安大学毕业后，在四川师范大学读研究生，现已就业。二儿子现就读于西安邮电大学。家里出了两个大学生，老李不仅脸上有光，小康生活也有希望。三组周校利两口子常年在外务工，省吃俭用，全力支持儿女读书，三个儿女全部考上大学，两个已就业，辛苦换来甜蜜。今年暑假在周校利家座谈时，他说，西北大学资助学生，是国家的教育扶贫政策好，解决了他们的燃眉之急。更重要的是形成了好风气，现在人们都开始在孩子的教育上"攀比"了。六组郭彦红之女郭玲硕士毕业后，现在陕西科技大学攻读博士学位，她是目前黄山学历最高者之一。

国家教育帮扶政策从义务教育阶段到高等教育，都有较为完备的支持政策。如接受高等教育的建档立卡贫困家庭的学生，每年享受4000元资助，可以说完全解决了贫困辍学、上不起大学的问题。西北大学的教育扶贫资助，更进一步精准帮扶，鼓励学子好好学习、努力成才。五年来除了对大中专学生进行资助以外，我们还动员组织西北大学附中、附小、法学院等单位，为留守儿童捐赠文具用品、书籍等，鼓励孩子们努力学习，感受"西大人"爱的呵护。2019年暑假期间，西大附中杨校长、附小纪校长一行深入黄山村为留守儿童赠送了《上下五千年》等书籍。有次我见到四五个孩子围坐在一起，每人都手捧着这本书阅读，场面非常感人。

2018年8月28日在黄山村举行的西北大学扶志扶智及教育资助大会，在村民和学生中反响热烈。西北大学校长郭立宏、副校长常江亲临大会，为新入学的大一、高一、初一学生发放资助金。郭立宏校长在会上语重心长地讲道，同学们要坚持心中的梦想，恪守人生信念，努力改变家庭面貌，为国家、社会贡献力量。他同时寄语受助的孩子们："第一要遵纪守法，知敬畏，守规矩，老老实实学做人，踏踏实实学知识，努力成为一名德才兼备的有用之才。第二要心存感激，敬父母，尊师长。铭记父母的养育之恩和师长园丁的教诲，让心中的爱存续并不断传递下去。第三要养成良好的学习习惯，学习相伴一生，受益一生，助力实现人生梦想。"家长们也深受教育和启发。会上，郭校长还表示，从

2018年起西北大学将学生资助的范围进一步调整扩大，下延到初一年级和高一年级新生，目的就是要激励更多的孩子早立志、立大志，从小就下定决心刻苦学习，奋发读书，成就自己，改变未来。

西北大学的教育扶贫举措，成效有目共睹，得到了各方面的肯定。作为驻村干部，我狠抓教育帮扶，吃透教育帮扶政策，多方式宣传落实落细，让孩子们享受到教育政策，激励他们勤苦学习，努力成才。每年暑假我都要入户走访返村的大学生，了解他们的生活学习情况，向他们讲述家庭享受的帮扶政策及家庭变化，鼓励他们立足实际，不忘根，充分利用难得的机遇，学思结合，学习与实践结合，不断提高综合素质。在这个过程中，我与很多大学生建立起深厚情谊，成为要好的朋友。他们有困惑也喜欢与我交流。

从广义上讲，教育是培养塑造一个合格的劳动者，不论学历高低，这个人首先要是一个身心健康的人。黄山村有几户贫困户，享受国家帮扶政策不少，但家里的境况一直没有较大起色，日子仍然捉襟见肘，其根本原因就是家长自小溺爱孩子，养成孩子好吃懒做、游手好闲的习性，孩子甚至染上赌博的恶习。儿子已成家，但仍由父母养着，不能自食其力，更谈不上孝敬父母，真是惨痛的教训！

2017年以来，村委会办公室时不时接到本村贫困户子女在外网贷被催款的信函，偶尔也遇到外来人寻找某某家，究其事由，称催收某某儿子网贷欠款。据说有户贫困户的儿子网贷最大欠款高达200多万，真是吓人。这是教育的缺失！可喜的是国家已重拳整治网贷，然而医治教育缺失之痛，是漫长的。

随着父母外出务工，留守儿童缺失父母的关爱，隔代教育易导致性格孤僻；有的孩子随父母在外就读，昂贵的各种费用压得父母喘不过气，滋生些许抱怨不满。这些问题应该引起各方的关注，予以合理化解。人人享受公平而优质的资源，人人努力成才，人人才更有幸福感、安全感。

西北大学关心教育、持续帮扶已成为标杆。可谓不负百年高校的时代使命,不负百年高校的历史担当。

培养特色产业

区域特色产业是要因地制宜选择优势产业。优势体现在符合区域自然条件，有技术、管理等先天基础。培育特色产业，重点在于更新提高技术水平，降低生产管理成本，培养具有现代农业意识和市场观念的新农人。可以说，区域特色产业可促进以家庭生产经营为主体的"小农户"的经济发展。

特色产业以小农户生产经营为主体，通过再培育使技术更新再提高，从业人员的技能再提升，走循环农业发展之路。目前，特色产业的培养发展面临"缺技术、缺资金、缺劳力，怕风险，无动力"的"三缺一怕一无"现象。青壮年劳力大多数外出务工，家里从事农业生产者年龄偏大，20世纪五六十年代出生的已成为主体。劳动力缺乏已是不争的事实。对此，我们采购锄草机、割草机、喷雾机等小型机械，以弥补劳力不足，提高生产效率。2018年种植50亩朝天椒时，小型机械发挥了不小的作用。除草在生产中最费劳动力和时间，小型机械适应山区使用，机械小，方便操作，值得推广。

在区域特色产业动员培育中，有的人的确缺少资金，有的人则嫌农业生产赚钱慢，没有打工或做零工来钱快，天天有现成。对真正缺资金的，我们以产业为基础，将小额贴息贷款资金、互助资金、帮扶资金与自有资金融合捆绑，破解其资金之困。对于二组王占民、三组郭焕荣等四个生猪生产大户，我们鼓励他们饲养母猪。自繁自育效益较好，持续健康发展。五组王秦养羊每年扩繁，出栏出售七八十只，收入达5万余元。二组李志盈自主发展绿化苗木生产，尽管尚处于发展过程，但必将是一个"绿色银行"。

特色产业的培育发展中，技术是最大的瓶颈。冰冻三尺，非一日之寒。弥足产业技术的短板非一日之功，需要持续推进。对此，我采取的办法是"找短板，抓关键，请进来，走出去"。核桃、樱桃、药材产业的技术短板，主要体现在土肥水管理粗放、低温霜冻防控和主要病害防治等方面。于是我请专家制定了技术方案，自己先弄通吃透，再讲给村民，并在田间指导示范。"做给你看，带着你干。"连续两年，我按照技术方案组织人力给全村的核桃、樱桃喷施防霜冻药剂，有效缓解了霜冻危害。其实，防控春季霜冻危害最有效、成本最低的方法是熏烟，但在山区，为防止引发火灾，不可使用，只能退而求其次采取喷施海藻类植物调节剂等措施，两年下来，实践效果不错。为了防治核桃"黑蛋"，我先后请教了数位专家，制定了三个不同防控关键时期的技术方案，并组织专业统防队进行统防统治，效果明显。同时，我总结实践经验、请教专家、搜集整理材料，编写了《特色农业技术手册》，方便备查学习。我自己的专业知识是有限的，为了不掉链子，在关键环节上，我们聘请了专家技术人员进行现场指导。近几年，黄山村的樱桃修剪就聘请了铜川的专家技术人员在现场进行示范指导。2019年3月底，我们邀请了农林卫视、西北农林科技大学的吕平会教授来到黄山村进行技术培训。周边四五个村的干部群众也赶来参训，农林卫视双星现场直播，促进人人爱技术、人人学技术。请进来也要走出去。六年来，我先后组织村干部参加杨凌农高会，赴周至、铜川参观学习生产技术、深加工技术和经营管理，帮助他们开阔眼界，拓展思路。

养牛周期长、风险低，最大短板是冬春草料不足。六组马安民饲养了 6 头牛，2017 年冬他不慎骨折，家里无草可喂，只好紧急将牛出售，造成了一定的损失。2018 年我向北京的朋友孙博士请教，向孙博士提供了黄山村的土壤、气候、无霜期等自然条件的资料，让他帮忙选择可种的饲料草种，后来他推荐了可作为牛饲料的草种甜高粱、可作为猪饲料的草种进口苜蓿和可作为专用散养鸡饲料的草种菊苣。2018 年仅甜高粱就种植了 70 多亩，2019 年甜高粱种植近 100 亩，成功化解了冬春草料不足之忧，养殖户增至 21 户，当年仅牛存栏就增加了 12 头。三组返乡养牛大户李树林高兴地说："老陈，你解决了我的心病。"

生产经营是有风险的。完全自产自足时，风险主要是自然风险，风险较小。产业项目选择、生产管理过程、经营活动均要进行风险评估、风险管控和风险防范。黄山村的农业生产除自然条件引发的风险外，主要还有野猪、市场波动引发的风险。播种后，村民制作假人，并半夜巡地敲锣放鞭炮，以驱赶鸟和野猪。养殖风险多体现在疾病防控和市场价格波动上，只要成活率高，基本可控，但市场波动较大，存在较大的风险。比如，2017 年生猪收购价每斤近 10 元，2018 年一度降至 4 元多，2019 年又涨至 16 元多。养猪户郭印川与我说："养得多了，人家价低了，价高了，咱可没有多少。""只要坚持自繁自育，成本低点，好好养，总会赚钱！"我常常这样鼓励养殖户。

2015 年，我们开始在黄山村试验林下散养土鸡。刚开始试验了两户，当年土鸡的成活率较高，尽管价格正常，还是取得了较好的收入。第二年再试验了一年。第三年开始，在自愿的前提下，经动员，贫困户共散养土鸡 7000 多只。2019 年散养规模再扩大，土鸡达 1 万多只，因价格较好，收益较理想，村民纯增收 20 多万。这些鸡最后一扫而空，一鸡难求，西北大学组织的年货节上已是无鸡可供。

立足黄山村的实际，我们将区域特色产业重点放在了林果业和养殖业上。规避鸟、野猪危害，有序推进林下养殖，走立体生产经营模式。

近两年，协调种植新发展药用皂角200亩，主要采售皂角刺，带动贫困户14户；动员鼓励栽植花椒70多亩，带动贫困户11户。这些产业是中长期产业，短期见不到效益，风险小，但在不远的将来又是一个个有稳定收入的朝阳产业，利于稳定脱贫。

"种养结合，立体经营，循环发展"是我的产业培育发展思路，如推进畜禽粪便、植物秸秆、杂草等，就地加复合微生物，进行无害化处理，自制生物肥料。返田入园，循环利用，变废为宝，清洁环境，一举多得。如何有效推进呢？"真情感动、产业带动、资金融动、技术驱动、奖励促动"是我的方法。乡村振兴的核心依然是产业兴旺，其重点应该是因地制宜培育、市场规范建立、新农人才培养。

产业发展非一日之功，需要花大气力持续推进，久久为功！

住二层楼还是贫困户

"这户住的二层楼,还是贫困户,具体啥情况?"这是贫困户重新识别后,商州区扶贫局副局长南建存来黄山村检查,一走进郭红彦家的大门,满脸狐疑发出的疑问。

我忙解释:"这是黄山村六组村民郭红彦家,他家原本两户人,他父母老两口一户,都年逾80岁了;郭红彦他们一家四口。按照重新精准识别政策,我们将两个老人与红彦一户合户识别为一户。"南局长点点头,说这样做没错。我继续说道:"红彦的祖父早年是国民党空军,随军到台湾。两岸实现三通后,红彦的祖父变卖在台湾的全部家当,于1982年落叶归根,返回家乡。为了三个孙子娶妻,老人用自己的资金盖了这座二层楼。"

这时红彦一家老小都围了过来,我继续介绍:"现在这家两个老人年逾八旬,老太太老年痴呆,老爷子全天候照顾。红彦妻子王芳梅大病初愈,刚从西安住院回来,欠债8万多,不能下地干活。儿子郭凯小时候患病,现在看着壮实,但只能在家长的指点下放个牛,郭凯妻子患有精神残疾,也没有劳动力。正因这样,红彦无法外出务工。全家六口人老的老小的小,很不容易啊!"南局长认真听着,不住地点头,说:"光从外表看,不符合贫困户条件。深入一了解,情况复杂,生活很困难。后面帮扶上,要对应落实相关政策,因户施策,发展产业,稳定收入,改善生活。老陈，你要多操心。""是的，这不仅是我们的帮扶对象，还是我们驻村干部的房东。"

"老人家，您多多保重，我们会尽力帮扶的。"南局长握住红彦父亲的手动情说道。走出红彦家，我们陪同南局长继续入户检查，又来到危房改造贫困户闵来风家……我和南局长很熟，2002年我到商州扶贫后就和她相识，她负责社会扶贫，工作上我们接触交流较多一些，相互较为熟悉，她工作非常认真，给我留下了深刻的印象。

红彦是我的房东，我对他们家的情况也比较了解。老爷子常年在家，屋里摆放着六七个热水壶，无论何时，老人都叫我提上热水。后来我怕老麻烦老人，便自己烧水，但老人家依然备好热水叫我提上，这份情很难忘。每次返回房间，老人都要叫我进去坐一坐，我也常常与老人小坐一会儿聊聊天，偶尔还会与老人小酌几杯。老人身体尚好，耳不聋，眼不花，自费订报，每天都坚持看报学习，早晚在院子里跑步锻炼。他每天起得很早，经常听到他大声叫："郭凯放牛了！"放牛是孙子郭凯的任务。牛养得不错，两头已繁育到五头，我们提供的进口甜高粱草种，红彦种植了四五亩，以弥补冬春草料不足。牛已成为他家的支柱产业之一。

红彦不能外出务工，在家种了10多亩地，包括自家兄弟家已经荒芜多年的耕地。他家是黄山村现在唯一种小麦的。他说，自种的小麦磨面好吃，也省一些，给牛也多留点草料。他一年四季忙碌，农忙时会请来亲戚帮忙。红彦会做菜，农村有人做酒席常请他去，村里每年的重阳节也由他负责做饭。我偶尔招待来黄山的同事朋友，也尽可能放在他家由他做，也算是一点帮扶吧。

2018年西北大学投资购买了10头黑猪，由红彦与其弟联户饲养，2019年刚赶上猪价上涨，出售7头黑猪毛收入两万，纯利润1万多元。红彦家种植了4亩菊芋，每亩奖励100元，另外，养猪牛享受产业奖补政策。2019年第三季度在低保政策扩面中，红彦家成功申报低保，全家5人享受低保，每季领取低保金2850元。同时红彦是护林员，每月工资500元，年收入6000元，两不愁三保障完全达标，已顺利脱贫。

有次与老爷子闲聊，老人说道："今年我已经81岁了，身体大不如从前，现在最放心不下的就是郭凯。红彦一个人要支撑这个家，他脾气不好，爱激动，难啊！"老人的这番话发自肺腑，言明自己的担忧，真是可怜天下父母心。

人生没有十全十美的，红彦一家幸福中总有缺憾，失望中有希望，但人生即是如此，提醒我们知足常乐。

祝福红彦和他的家人。

牵挂南沟贫困户

南沟是黄山村的老九组,后来与一组合并。去往南沟车不能至,需要步行东拐西拐,上坡下岭。路是山路,晴天尚好,碰到雨天,泥泞不堪,原本不太宽的路被野草笼罩大半,更加难行。南沟夹在两座大山之间,虽是山沟沟,依然零散坐落着几户人家。他们房前屋后有或大或小的耕地,种出的庄稼仅能供自食饱腹,收获后能出售变成钱的,唯有几种药材。山脚下有一条河,无论晴天雨天,这条河流淌不息,吟唱不止。

李官侃夫妇长住于南沟腹地,那条流淌不息的河,就在他们屋旁。老两口都已70多岁了,老李身体尚好,但老伴的腰已弯成近九十度,行走困难。夫妻俩有个儿子,因家境贫寒,入赘到关中。平常老两口在家种几亩地,吃喝没有大问题,但也不富裕,家中日常较大的支出是老伴慢性病的药费。老李全家有农合疗和大病保险,即便住院,可以享受贫困户报销。有次我到他们家去,他的老伴弯腰下挂面,老李烧火,问起他们的日常生活,老李眼睛湿润:"老了挣不来钱,就是吃药令人害怕。你不操心了,就这样,我们70多岁的人了,还有几天,没啥。"老李的话充满无奈,他也没有诉求,我好一阵心酸。后来我在2019年第三季度为他家办了C级低保,加上光伏、食用菌分红,他家的收入可以达标,生活将会有较大改善。我见他家的住房是用了五六十年的土木房,就问老李漏不漏,他坚定地说不漏,我绕房一周,发现两面墙有裂缝,我说："我安排给你收拾一下。"他仍然说："没事，不麻烦。"后来我们找人帮忙修补了墙上的裂缝。

2019年暑假，西北大学王尧宇副校长带着相关部门一行，翻山越岭来到老李家，与老夫妇亲切交流，并送来1000元产业帮扶资金。老李激动不已，连声道谢，转手把钱交给老伴。老两口虽然生活艰难，但从不要这要那，就像他说的"人要靠自己"。

南良良与李官侃老人相隔不远，他与患有精神病的儿子南建相伴生活。家里的几间土房倒也结实，但父子都丧失了劳动力，没有多少收入。春季南建将南沟另一户媳妇打伤住院，南家承担医药费且赔偿1万多元，原本并不宽裕的日子雪上加霜。我们商议将南建送进精神病医院医治，送走快一年了，还没有回来。南良良身体不好时，他外嫁到关中的女儿接他去医治，也曾提议送他进养老院，但南良良不肯去。西北大学结对帮扶，送给他1000元产业帮扶资金，南良良把钱卷了又卷，小心翼翼地塞进破旧的内衣，生怕丢了。如果不做产业，这够他一年的生活费。

玉米二尺高时，我在南沟见到南小利和他的一双儿女正在拉犁施肥。多少年了，这样的情景我还是第一次见到，忙给父子三人竖起大拇指。小利给我留下的印象是爱打麻将，游手好闲。记得第一次去南沟，在王秀余门口碰见小利媳妇，她正带着娃和秀余一家在院里闲聊，小利媳妇说，她在家里放了1000元不翼而飞，翻箱倒柜找不见，问南小利有没有拿，小利诅咒发誓没拿，他媳妇不相信。南小利兄弟5人，他排行老四，母亲随他在家，或许从小娇生惯养，或因爱好打麻将，日常开销或家里有一点事，都是兄弟几个资助。搬迁安置房交款、装修也基本上是兄弟们给的钱。我只要去南沟，或碰见小利，都要和他聊聊天，从各方面开导他。我2018年知道他有转变，不再打牌了，就找他商议，让他养些鸡，刚好老屋无人住，可以用来当鸡舍。他的老屋前后场地大，杂草丛生，是散养鸡的理想之地，只需围起来就好了。我和村干部去了他家三次，他都表态没问题，最后定鸡苗确认数量时，他却说他要养猪，也行，可最终落实时他又不弄了，理由是"没地方，没经验"。

2019年村里为他安排了护林员公益岗位，他积极主动，认真负责。他还专程来找我，说前面没重视，2020年一定要养鸡，我表示只要他认真弄，仍然大力支持。或许小利会由此转变，自食其力，走向富裕。

"平娃，你根据你的情况，看是多种些菊芋，还是养鸡养猪。不能外出务工了，在家搞点啥。"这是2019春节后，与南沟几户贫困户围着一堆火，我问李平娃的话。"唉，家里都是些二货，没心思弄啥，你也别动员我，我都活破烦了。"生冷硬倔。坐在一旁的李官侃老人说道："平娃，老陈是好心，都是为咱哩！"平娃还是生冷地回敬官侃："你少管。"弄得氛围有点不愉快。后来我几次去再三劝说，李平娃种了两亩菊芋和两亩多药材，屋前种了一些常规蔬菜。李平娃家原本是易地扶贫搬迁户，后来自愿放弃了。西北大学出资5000多元，组织人力专门收拾了他们家的住房。经修缮，他家现在的住房达安全标准，"两不愁三保障"达标。

王秀余是南沟另一贫困户，家中六口人，儿子小两口外出务工，孙子孙女在外就读，享受教育扶贫政策。秀余享受退伍军人生活待遇，在家种了四亩地，养了三头牛，给予农业奖补，也有光伏、食用菌分红。提起光伏，让我记忆犹新，当初，为让秀余交光伏款，我动员了将近三个小时。

说实话，南沟的官侃、平娃、良良三户，家里的确非常困难。这也是我时常牵挂他们，尽力落实脱贫政策，尽心帮扶的原因。

谁都不想贫困，贫困各有原因，只要因户落实政策，因势利导，尽力帮扶，就会有成效。当然，对南沟这几户，后续的帮扶工作还有很多。

黄山三个"老小伙"

核计贫困户家中的劳动力时，60周岁以上就不再计入劳动力了。山区农村乃至整个农村留守在村的依然是老人，青壮年基本外出务工，农村呈现着"十门九锁，四人三地"的景象，农耕、种植、放牧、养殖及大小工地尽都活跃着老人们的身影。

"老兄，去年种地做零工收入咋样？"我和住在村委会附近西坡的王占林老人闲聊，他还是常见的表情，笑眯眯的，头上几乎成为"不毛之地"，窄瘦脸上布满"沟壑"，口中只有一颗门牙把门儿。他淡淡一笑说："好老陈哩！老了能挣啥钱呢？混日子。不过给你说实话，去年打零工挣了大几千把块。"我连忙竖起大拇指为他点赞。

西北大学在黄山村投资基础设施建设，大小工地都能见到占林老人的身影。我一直的主导观点，认为在村里投资建设的房、路、水、桥，是补基础设施短板。同时，也是创造劳动机会，让留守人员就地务工，挣劳务费，增加收入。其他如村民建房、修建"万年房"，占林老人也是场场在。几年来，给果园施肥、打药除草，只要没有危险性，占林老人必然是成员之一。

有次入户到他家，占林老人不在，我向他老伴打听他的去处，他老伴边扫地边说："你给养牛户种的甜高粱该割了，老王早上给改宪割草去了。""老王一年能挣多少？""一年好了有100多个工。"我心算，一个工 80 元，一年的确能挣万把元。占林老伴放下扫帚，给占林老人打电话："老陈来了，叫你回来。"刚好天下起了雨，很快占林老人便回来了，他说改宪看天下雨了，放工了。占林老人和改宪两家距离很近，他下个小坡，转弯上个小坡就到家了。

老伴见占林回来了，忙说："你陪老陈聊，我给咱做饭，老陈今儿别走，就在这儿，我知道你有糖尿病，不敢多吃面，中午包素煮馍（饺子）。"说着就自个儿忙去了。我和占林老人聊开了，占林老人很健谈："不是我吹，你老嫂子擀面没说的，挖上二斤雪花面，放在盆里拌两拌，擂起擀杖一张纸，擂起刀子一条线，下到锅里莲花转，哈哈。"说得三人都笑了。

我俩挤在阴暗狭小的屋里说开了。"你还有啥困难？"占林老人说："我三个儿子，家里穷，一个关中上门了，老二在新疆打工，老大在外务工，留个精神病媳妇儿，我两口还要照顾。天天吃药，一天不吃都不行。房子就这样，上面都撂了几层，雨天还是有点漏。"他猛吸了一口烟，长长吐出来，烟雾弥漫。"现在安置房弄好了，把你俩身体弄好。身体好了还能打点零工。""多亏你照顾我，人家才看我老汉还能干，多少挣点。"占林老人说着又是一大口烟吐了出来，室内烟雾更浓，"你几个儿子都会管你的，放心！""娃个个都混不好，不过现在不靠他们，我还能行，人活到老就干到老，我 78 了，还年轻呢。"老人心态健康，令我敬佩。

等我俩东长西短聊得正欢时，村干部打来电话说镇上来人了，让我赶紧回村委会办公室。煮馍没吃上，我便匆匆走了。

第二天早上，我晨练走路走到二组，见到占林、印川、巴槽几个老汉正往河边土塄上抬石头。说是给郭志宪加固石砌坟墓，两人抬一块，坡很陡，他们颤巍巍的。我反复叮嘱他们千万注意安全。这几个人中，印川刚 70 岁，他在家种了七八亩玉米、药材，养了 20 多头猪。他老伴肢体上有残疾，他平常就在本村、邻村务工，增加家庭收入。他是党员，也是复员军人，曾在部队立过二等功。无论是修桥、修路，还是施肥、盖房、拆除旧宅，他什么脏活累活都干。不分寒暑，起早贪黑。然而他没有教育好儿子，到现在他还负担着儿子一家三口的生活。他曾含泪告诉我，尽量劳动多挣点，不能让儿子一家散了。各种心酸与无奈，或许旁人无法理解。他一直省吃俭用，我从没见过他穿过一件没有破损的衣服。西北大学党委原副书记孙国华暑假到印川家走访座谈，他当时穿的衣服破破烂烂，国庆后孙书记专门打电话告诉我，说他有一些衣服，让我再来时带上送给印川。

经常和占林、印川一起干活的，还有三组巴槽。每次到三组去，巴槽不是喂猪、锄草，就是出圈、担粪，忙个不停。他是养猪户，每年两茬，可出栏30多头，2019年"二师兄"身价飞涨，巴槽总是笑眯眯的，后悔养得少了。他还种了七八亩地，经常和村上几个老伙计打零工，脏累不嫌。农村盖房扎根基，巴槽可是一把好手，多数人都请他做，仅零工年收入过万。巴槽待人和善，说话语调低。"这辈子当农民就要种养干活，有个农民的样子，不要怕出力，力出了，睡一觉又来了。"他这句话令我印象深刻。

对于占林、印川、巴槽这三位劳动模范，我们通过技术培训、产业奖补、提供劳务机会、结对帮扶等多途径给予帮扶。同时，他们仨连续两年都被树为劳动脱贫致富典型。三个"老小伙"，受到表彰，被授予精神和物质奖励，成为大家学习的榜样。

三个"老小伙"如今仍是各自家庭的顶梁柱，家里成员患病一直是他们的心病。乐观、豁达、淳朴、善良、艰苦朴素、勤劳不息是他们共同的特征。他们是优秀农民的代表，坚守农耕本分，用辛勤的汗水、粗糙而勤劳的双手，为自己、为家人生活的改善而奋斗不息，也为人类的生存生产食物、贡献力量。

他们值得赞美，他们是最可敬的人。正如泰戈尔所说："你今天受的苦，吃的亏，担的责，扛的罪，忍的痛，到最后都会变成光，照亮你的路。"

修 桥

修桥铺路，积德行善。

2014年在研拟当年帮扶项目时，村干部会议上提出翻新一座桥，预算5万左右。修桥铺路，方便群众出行是好事，也就将其初步列入了帮扶计划。但我在心里把黄山村的桥都排查了一遍，感觉并没有这样一座桥需要翻新。随后与群众的闲聊，也印证了我的想法，大家也说没有这样一座桥，如果要修，应该跨河道修几座生产桥。

在对年度帮扶项目进行最后论证时，我提议大家一起实地看看拟翻修的那座桥。我们骑着摩托来到桥边。桥位于黄山村与李村界边处，是黄山人出行必经之路，我也由此经过了无数次。我和志盈支书下去看了看，桥墩是石砌的，很坚固，无明显破裂破损。桥下湍湍细流，吟唱而过。桥面也整齐完好，并没有明显的塌陷破损。同时我了解到，这座桥主要是李村修的。我认为，这桥既然是李村修的，那就是李村的，况且桥是安全的，没有重修的必要。如果需要重修，也要和李村商议共建，由不得黄山村自作主张。讨论后，我们基本否定了这个帮扶项目。

这事后来再也没人提过，桥亦坚固如初。倒是路边有一条河，一组村民去河对面耕种、收获，都必须过这条河。但村民每次过河，都是踩着几根木头，颤巍巍的，非常不便且危险，特别是春天播种、秋季收获尤甚。二组村民到对岸，也是直接下河道过的。老党员俊才告诉我，外出务工的人走了，对面的地也种得少了，在家的人年龄大，种得多了拿不回来，没有桥全靠人搬过来，一天下来，腰酸背疼受不了。我不由地想起，和李志盈谈及扩大绿化苗木种植时，他曾说："没办法，河那边有地，都是好地，但交通不行，全要雇人挑扛，劳力成本太高了，只好在李村张村租地，希望想办法修座桥。"

修桥逐渐在我心里有了些分量，随后我开始有目的性地深入调查了解。三组和四组的在家群众异口同声，建议修一下三组通往四组的跨河桥。是啊！多少次由三组去往四组，或是由四组去往三组，都要由此经过。这条路走了几十年，是过去孩子上下学，下片群众去原村委会办事的要道，这条道也留着我往返于此无数个脚印。河道很深，近三米，两边有踩了几十年高低不等的石阶，下雨时踩上去比较光滑，又无抓手的东西，很不好走，非常危险。四组忠印、鹏年等几户的地在河道东边，耕种、收获时，他们每天要往返数次。鹏年在河东边栽了几亩侧柏，深感不便，也曾向我要求："老陈，想办法把这桥修一下，实在不方便，弄啥都费劲。"

深入调查后，我深知群众所需。满足群众所需才是办实事、好事，才能办到群众心上，得到群众认可。

与村里正式商议时，大家还是比较赞同的，特别是三组和四组中间的桥，人人都有深刻的印象，有难忘的记忆。一组和二组的跨河生产桥，大家体会不深。修桥商议定后，我提了几点要求："坚固实用，保证质量，遵从预算，安全第一。"村里做了详细安排，决定由所在组具体负责组织实施。马支书从中协调，将二十多块闲置不用的楼板，调车转送到施工现场，石头、水泥、沙子统一采购，统一调运施用。

施工随之展开，主要施工者仍然是黄山村几位"老伙计"。他们有着丰富的经验，平常盖新房都被主家视为一把好手，修这么个小桥，自然不在话下。

在修建桥涵中，三组和四组间的桥涵工程十分复杂，工程量也很大。我反复叮嘱四组带工的李改宪，严把质量，千万注意安全。两端持平，这里没有大型车辆通过，桥板桥面适用、实用就行。桥涵修好后，现在从四组往返三组便利许多，不再为蹚水、上河下河担心。2019年冬，马支书又在这里打通了连接三组和四组的生产路，村民戏称"黄山村北环线"较以前宽阔平坦多了。而五组修的一个单楼板桥，选在过去行走较多的老路上，目前，行走虽不多，但或许可以为以后提供方便。

黄山村百岁老人

"老陈,百岁老人走了。"建林老支书在电话里告诉我这一消息。

几天的阴雨过后,寒意更浓,人们已添加衣服御寒,显得臃肿了许多。去往西坡的狭窄小道上,翠绿的杂草早已枯黄,湿滑小道上,镶满了各式各样的脚印。

沿着小道一路向上,左前方烟雾缭绕,人声嘈杂,唢呐声声,哀婉悲怆。在去西坡的路口处,我碰上同去西坡的长勤,他骑着摩托说要捎上我,我也怕道路泥泞不堪行走艰难,就顺势上了车。摩托车在小道上左拧右摆,长勤加大油门,摩托冒着黑烟,惊险中冲上了坡,不料最后一坎坡太滑,我们连车带人倒了,多亏我俩用腿撑着,才没有完全陷入泥中。

来到院中,不大的院子已挤满了人,几口大锅冒着热气,几个妇女围着案板,有切土豆丝的,有切豆腐的……乐队在一个棚里弹的弹着,吹的吹着,一看就是黄山老四乐队。帮忙的人围着一堆火,说着闲话,抽着烟,笼罩在一团烟雾之中。

建林老支书是百岁老人的女婿。我走上前去:"老兄节哀保重。""没啥,走了不受罪了。"我问建林:"前几天不是说很好吗?咋这么快呢?"建林拉着我去席棚,边走边说:"三天前,从我那儿要回来,我安排好后,由几个孙子抬了上来,在家第三天就走了。"无疾而终,寿终正寝。满院子稀泥无法下脚,说话间我来到席棚,与大家打过招呼,坐于其中。"老陈，到现在已经走了9个了。你给咱办的重阳节好，我们这些老家伙还能见一面，不知道以后还能见不？"占余、志强、善娃、占林等几个聊起来了。

此时我脑海中浮现出一年之前的场景，仍然是这个院落、这些熟悉的脸，大家欢声笑语，欢天喜地为张六莲老人祝贺百岁寿辰。那天，个个争相与老人合影。百岁老人撒下不同币值的零钱，大家一窝蜂争抢捡拾，沾个喜庆，讨个吉祥。转眼一年，老人驾鹤西去，告别人间，真是人生无常。

百岁老人张六莲一生命途多舛，先嫁于西坡王家上院，夫亡之后，改嫁西坡王家下院，儿子50多岁因病先她而去。我在黄山的几年里，老人多数时间住在黄山村韩坡的二女儿家，我隔一段时间带上一些可口的东西去看望她一次。每年重阳节清早，我都会组织大家一起到家里看望老人，送上慰问金，叮嘱家人给老人买些她喜欢吃的可口的食品，让老人感受到关爱。老人虽然瘦小，但身体硬朗，每次看到她，她不是劈柴，就是帮着烧水，柴劈好后存放得整整齐齐的。孙子孙女有次接她去商州城，走在街上，她的三寸金莲引人围观，还有人与她合影。

老人年逾百岁时，眼不花，耳不聋。记得有次去家里探望她，她女儿问："你认得这是谁不？""老陈，我认得。"大家一阵欢喜，个个竖起拇指为老人点赞。离别时老人突然说道："老陈，你积德行善，一定长命百岁。"在场的个个惊讶！我连忙双手合十说："谢谢您老人家的褒奖！借您吉言，继续努力。她女儿说老人一生心静如水，与世无争。她有良好的作息习惯，晚上睡得很早，早上起来也早。只要身体允许，她就干活，忙个不停，非常规律。

百岁老人永远离开了我们，愿老人乐居天堂。此后，我常想，家家有老人，人人都会老，关爱老人，让他们感受到温暖，安度晚年，也感召儿女，多给老人一些关爱。教育大家多尽儿女孝心，重塑传承中华孝道，理应成为脱贫工作的重要环节。

林下散养土鸡

林下散养土鸡，其实是我和几个农业专家讨论过几次后，为黄山村发展产业选择的项目之一。主要依据是村里有大片树林，杂草丛生，村里也有富余劳动力，更有西北大学庞大的消费群体。只要突出绿色、生态、安全，师生员工自然乐意消费。

研究讨论易，落实推进难。扶贫产业更要慎之又慎。思虑再三，我决定还是走试验、示范、推广的路子，这样比较稳妥。与村里商议后，时任村主任马平娃说，由他先进行试验。他是个热心肠急性子，说干就干起来了。他在黄山村二组樱桃园租地5亩，用铁网围栏起来，选择了B-80肉杂鸡品种，总量3000只。平娃安排长勤负责喂养，长勤很是认真，但对鸡菌防疫不是很到位，饲养中有300多只死亡，养到成品有2000只左右。成品单个重达8斤左右，售价8元多一斤，每只鸡毛利约20元，利润尚好。头一年规模化饲养，从中摸到一些经验，也有一些教训。成功的关键在于鸡苗防疫，提高幼鸡成活率。只要成活率达95%以上，就没有问题。通过散养试验，总体评估林下散养土鸡可行，可以推广。

为了更稳妥，摸索积累更多的饲养经验，我们决定再试验一年。这一年同样的品种规模，同一饲养人员，结果一样存在问题，仍然是鸡苗防疫，具体管理精细度不够。年终集体再评估，认为可行。第三年开始有控制地扩大示范生产，也相应成立了"黄山村绿健特生态养殖专业合作社"，先后有小红、康占、印虎、印川、善娃等11户贫困户加入，各户规模为100～500只不等。西北大学帮扶围栏铁网和鸡苗，交由各户饲养，有先期的试验经验，进展顺利。同时，赵河樱桃园被少黄山合作社流转圈起来，散养土鸡2000余只。全村散养土鸡总规模达7000余只。

三组郭小红家里有五口人，三个孩子在上学，经济困难，平常只能种地，农闲时在本村及附近打打零工，没有一个较稳妥的产业。郭小红在自家屋后，圈了两亩多坡地，我们帮扶围栏、鸡苗，由他自己饲养。距家近，非常方便。看户有鹅，鹅是配合鸡的比例同时养的。他家是我一直牵挂的一户，自他家养鸡后我几乎每周都要去两三次。问他咋样，他哈哈一笑说："很不错，关键是鸡苗做好防疫，认真照料，少死点，成活率高，肯定能赚钱。""影响不影响你种地务工？""现在顺了。啥时该弄啥，对地里的活和务工没有一点影响。"难得看到他满意而自信的笑容。2018年他赚到万元以上，2019年再问他还养护与否，他不假思索地说："当然养，还要多养点。"果不然，郭小红2019年将土鸡扩大到2000只规模。有了经验，更自信，长势不错，收入肯定不少。

印川老汉人老心不老，2018年他在家门口养了100只土鸡，随便管护上，增收2000多元。2019年他养了200多只，个个雄赳赳气昂昂的。只是地处路边，气味有些大，影响环境。我反复叮嘱他及时收集粪便，进行集中无害化灭菌处理，不能影响周围的环境。

赵河樱桃园流转了7户村民的土地，建了三个鸡舍，由少黄山合作社负责饲养，老四具体负责管理。老四夫妇非常认真，无论天晴下雨，都是雷打不动。赵河樱桃园距村委会办公室较近，自然成为各方面参观的现场，每次都获得各方面不少的赞许。2018年收益较好，2019年便扩大到4000只的规模，恰逢多年不遇的好价格，收益颇丰。而村里的善娃老人养鸡，总体上说是失败的。败在防疫不到位，成活率低，但也

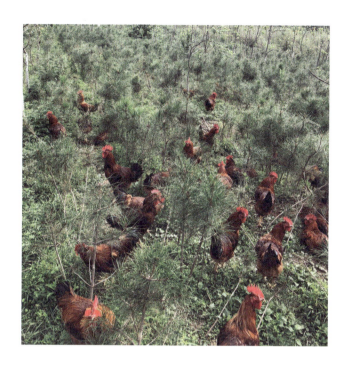

赔不了。

在示范散养推进中，另一项工作就是直销学校。通过参加西北大学组织的扶贫优质农产品直通车、年货节等活动，黄山村散养土鸡引起广大教师员工驻足了解、采购。品尝过的老师、职工给出了"就是不一样"的赞誉。品质优，安全可靠，价格适宜，赢得好评。有些老师还主动联系采购或送亲友。2018年深秋，两位西大老师的亲戚驾车来黄山村实地考察，一次采购了30只。他们称赞说，现场看了这里的散养土鸡，是真的散养，味道好。我的同学也带了几个他的朋友专程来黄山村，现场看，就地现杀现做。他们的评价是"真是感动的味道"。后来，这位同学还给我提供了一些散养土鸡品种、养殖技术资料，都是很大的鼓励与支持。

林下散养土鸡经过试验示范，到目前，仍然是初步探索，仍在不断实践总结。总结一户可控的生产规模，选择适应本地气候特点、可散养的品种，提炼养殖的关键技术，打通销售通路，这都是我们的目标。同时，在本村内探索实现两个循环，鸡粪就地无害化处理还田，实现生态循环，合作社带动发展，这些工作还在进行中，尚未取得令人满意的成效，仍需继续努力。

当前散养土鸡的户还不多，土鸡散养也是在享受政府农业产业奖补和西北大学的帮扶支持下做起来的。奖励政策对推进起到了重要作用，如果没有了这些奖补政策的支持，还有多少户愿意继续散养，有多少户有能力继续做下去呢？这是我所思考和担心的。因此，在现有政策的支持下，我们致力于培植散养大户，打通拓展销售渠道，确保有一定规模，有相对稳定的销售渠道，力争将林下土鸡散养打造成黄山村 10 多个重点贫困户的适宜产业。同时，降低生产经营风险，打破瓶颈，奠定产业基础，促进健康持续发展。

时间有限，任务很重，问题较多，路还很长。

栽植药用皂角

　　陕西省委办公厅在商州区挂职的崔毅刚副区长，多次来黄山村检查指导，我俩很谈得来，我们谈论最多的就是农业产业问题，我俩的基本观点比较一致。有次，我们谈及黄山村的农业产业时，一致认为，村里老人居多，劳动力缺乏，大多数耕地为坡台地，高低不平，无法机械化作业，随着青壮劳力外出务工，或居家迁出，全村1100多亩耕地，至少有800亩荒芜，目前已是杂草丛生，耕地变成"小森林"。随着生态保护性恢复，野猪、黄羊、野鸡成群，危害极大，传统玉米、豆类作物已是"广种薄收"。基于这种现实，发展经济林果或是最佳的选择，也符合"绿水青山就是金山银山"的生态发展理念。黄山村现有核桃、樱桃等林果产业，后来又栽植花椒70余亩，选择发展省工省时的经济林果产业是方向和重点。我俩共同认为，既要着力精准扶贫、精准脱贫，更要通过发展产业稳定收入，实现防新贫、防返贫，这二者相辅相成，应早予系统谋划，积极培育发展。

　　毅刚区长经过考察论证，选择发展"药用皂角产业"，先选择了七八个省级单位在包扶村进行试验示范，要求集中连片栽植，便于集中有效管理。我与村干部专题商议后，拟主要集中于七组和三组栽种。七组现常居住在村的只有4户5人，有已荒弃的肥沃耕地，而且交通比较便利，计划土地流转，集中连片栽植，可带动14户村民。三组青年台上也是过去的良田，现在无人耕种而荒芜。总体思路出来了，具体落实还必须与户协商，特别是土地流转，集中栽植，都需要村民配合。

七组袁老四很早就外出务工，发展得不错，也带动本村本组老乡外出务工。他是一个很重感情的人，富了不忘家乡，总想力所能及地为家乡办点实事好事。我和他接触过多次，很谈得来。当我把流转七组土地集中连片栽植皂角树的事告诉他时，他欣然答应。他说："在七组，土壤肥，光照时间长，现在荒着。这些户我都能说上话，流转这些地应该没问题。""具体由你牵头逐户落实，签好土地流转合同。皂角树苗集中统一调拨，你安排按技术要求规范栽植，能办到，咱就很快定下来，时间不等人。"我叮嘱道。

袁老四先后几次专程回村协调落实，很快一切就都办妥了，只等待栽植。三组周菜柱处就由袁老四牵头负责，流转的土地都是本族亲戚的耕地，协调起来很方便。我落实了地块、种植户、负责人后，起草报告，按程序申请了皂角树苗200亩共计6万株。因近年关，又是接连两场大雪，交通中断，树苗迟迟不能到达。区里费了九牛二虎之力，总算将树苗调运到杨斜镇，然而仍无法按原计划直接运到黄山村。春节前，待路上冰雪稍微融化后，我立即与王涛商量去杨斜拉苗子。王涛是黄山村搞运输的，又是村支委，说到皂角树苗，他很热情，不顾雪天路滑，以基本运价把6万株苗调运回来了。说实话，每当遇到这种事，我心里最担心的是安全，绝不能因为民办好事实事，而发生安全问题，造成损失，产生不良影响。王涛拉上苗子出发后，我心里忐忑不安，当看到车返回黄山村，我悬着的心才放下了。

冰天雪地，满地白茫茫。目前的情况无法马上栽植，必须把树苗埋藏保护起来，绝不能受冻！当王涛打电话来通知装好车返回村时，我和善娃、善俊、五善几个人铲雪，开挖了一条条形沟。树苗到了，百株一捆，王涛和我们几个一起边卸车边将树苗入沟埋藏。"哎！老陈，把最后这捆接着。"善娃老汉说着，就将一捆苗子扔了过来，我急忙躲闪到一旁："老王，这上面全是刺，我再扔给你，你来接着。""不敢不敢！"大家哈哈笑起来。

第二年春，冰雪消融，杂草吐出新芽。袁老四先拉走了树苗，组织了十多个村民，整地、撒线、挖坑，热火朝天地干了起来。他在地旁挖了一个大坑，坑里铺上塑料布，再从沟里抽水蓄上，给栽好的树苗一棵一棵浇水。十多天，约150亩树苗基本栽植完成。三组菜柱组织了7个亲戚帮忙，在青年台上栽植。我在黄山村七八年了，还是第一次踏上青年台。青年台在过去是黄山村的粮仓之一，位于三组西北方向，走到三组北顶头，向西北上坡，沿着羊肠小道左拐右拐，一台又一台，着实要费一番劲。我在路上远远听见有说话声，循着人声就找到了。上了青年台，菜柱大老远就喊："老陈，你还亲自来视察了。"问周安民栽得咋样，他说人手少，现在只能再找亲戚帮忙，慢慢弄，这儿缺水，得赶紧栽，不敢停。他70多岁了，仍然在一线劳作，尽管这在当下的农村很普遍，可还是令人感动。我说了一声谢谢，老周仰起头，盯着我说："谢啥呢？这是自个儿给自个儿弄了，应该谢谢你，你给大家办事儿，将来挣钱了又不分一文。"在场的村民哈哈地笑起来了。

在大家的努力下，皂角树还是赶季节栽上了。我常去七组看树苗发芽的情况，拍照片发给袁老四，让他看看，掌握情况。四月的一天，我突然接到袁老四的电话："陈老师，我看着苗子不太行嘛，现在咋还没有出芽呢？"我说："我去看了几次，苗子的大小有点差别，有些到现在没有发芽，不一定是死了，有可能是假死，有些看着活了，不一定真活了，叫假活。后面主要是除草，千万别让草荒死了。"后来总体观察成活率在90%以上。

和栽植其他经济林木一样，在中后期的管理中，及时除草是重要环节。传统人工除草缺劳力，速度慢，雇人干成本又太高，一般选择化学除草，其中最为关键的是选择除草剂。除草剂按功效分为选择性除草剂和灭生性除草剂。一般使用选择性除草剂时需要交替选择使用，不能选用土壤残留危害大的除草剂。使用时不仅要考虑剂量，更重要的是注意使用方法。我在现场指导村民使用除草剂，强调一要配比得当，不宜随意增减用量；二要与植株个体保持一定距离，防止伤害植株，也可在喷头顶端处加一个防护罩，控制喷雾范围，防控伤害植株。袁老四在较平整的皂角地里，采用了人工除草的方式，主要由铁娃、秀民、凤娃等几个常年在家的贫困户除草，既能保证除草效果，又能增加贫困户的劳务收入。

皂角树项目经过谋划安排，落实土地，调运、储藏苗子，栽植管护等环节，完成栽植约200亩。从后续情况来看，长势不错。现在需要对三组个别贫困户栽植密度过大的田块进行分苗分栽，也需要加强肥水管理和修剪管理，促发新枝，使树苗早日长成骨架，早日长刺结果，将来真正成为群众增收致富的"摇钱树"。

朝天椒与菊芋

商州区委政府始终把培育脱贫产业作为脱贫攻坚的核心工作来抓，镇村和驻村帮扶单位积极落实，全力推进。

2018年，商州区政府确定发展朝天椒产业，黄山村也积极推进。对照朝天椒种植生产所要求的土壤气候条件，黄山村不大符合，加之贫困户对新产业认识不足，怕担风险，自愿栽种者不多。尽管区政府免费提供朝天椒苗子，每亩给予奖励，自愿栽植者仍寥寥无几。在这种被动情形中，由马支书提议，经大家讨论后，决定租地种植50亩朝天椒，带动21户贫困户，集体生产经营。先在黄山村探索一下朝天椒产业，看其能否试验成功，成为黄山村村民的脱贫产业。

租种的地共四块，位于李村的湾里、沙渠路口等处。这些地块前茬是苗木，清除、平整、深耕很费劲儿。马支书安排机械深翻，倒也快，村里的贫困户劳力协助平整、起垄。辣苗调运回来的时间较晚，个小苗弱，质量稍差，但好歹是成苗。时令不等人，我们组织了20多个贫困户劳力栽植，有男有女。为抢时间、保质量，现场有序协调安排就显得尤为重要。马长勤现场安排两人在前面的垄上覆膜，后面分区栽植，购置了几个下苗器，速度很快。当时土壤墒情较差，必须立即浇水。马支书协调就近取水，用管子引水到地，前头有几个贫困户的男劳力用水桶挑水过来，给苗一颗一颗浇上水，提高成活率。当天余下未栽植的辣苗，苗根蘸了泥浆，用几个盘子装起来保持水分。第二天及时栽植，栽的栽，浇的浇，井然有序。空旷的地里一片忙碌，这种景象也是很多年没有见过了。

当四块朝天椒全部栽好后，我和马支书、周主任几乎每天都要去地里看看，如发现哪条垄有死苗断垄，就及时安排人补栽，基本做到不缺苗断垄。苗子弱，得防低温危害。就如何促苗壮苗，我先后咨询了蒲城和河北几个朋友，他们告诉我喷施海藻液肥优得利，可补充营养，防低温，促壮幼苗。于是紧急调来三箱，先后安排贫困户小红、康占等人喷施了三次。苗子壮了，长出分杈，长势喜人。

我每次途经朝天椒地，都要下地看看，也专程去看过多次。村里购置了除草机，同时人工除草，又引水浇灌，煞费心思。朝天椒开花、结椒，我们满怀希望，然而伏旱、狂风暴雨，使挂满希望果实的朝天椒在地里倒了一片，我们满心悲凉。"有红的了，采收吧，别坏了，也别让人偷了。"负责管护的村民提出建议。于是周卫卫主任带领贫困户劳力进行采收，采摘一斤可挣5毛钱。20多人分行采收，一个妇女一天最多可采摘一百四五十斤，能挣到七八十元。每天采摘的装袋，周主任组织运到指定收购点。如此，采摘、运送、销售七八次，但收购者的质量标准几天一变，一会儿说要全红的，一会儿说不要带椒把，一会儿说必须带把，搞得大家无所适从。不管咋样，还得按要求标准做，否则椒可能要积压霉变。

黄山村的朝天椒产业，单纯从效益上看是失败的，气候条件不大适应，无人真心负责、精心管理也是重要原因。黄山村如此，其他村也不例外。后来全区改种菊芋。

菊芋俗称洋萝卜，在商洛有种植历史，多数群众较清楚。商州区政府把菊芋作为全区"4+×"脱贫产业之一，予以重点推广。黄山村目标任务200亩，主体是贫困户，非贫困户享受免费提供菊芋的相同政策。

鉴于朝天椒的经验教训，我们重点进行宣传动员，直接落实到户，以户为单位组织生产。我们负责做好协调服务工作，并承诺每亩给予100元奖励。在这样的情形下，仍有部分贫困户犹豫观望。3月，我们先后组织了四次政策宣传与菊芋种植培训，经过反复做工作，最终确定了47户202.4亩。

菊芋种子是在春节后的一个下雪天送到的，先集中存放在村委会一楼。后来我发现部分种子因受冻而霉烂，便拍照发给玉琪镇长，向他反映质量问题，同时反映若黄山村种子不足，希望能得到及时有效的补充。玉琪镇长很支持："有问题的种子全部挑出来，不能影响出苗率。不足的部分及时告知，我们及时补送到位。"玉琪镇长是主管脱贫工作的副镇长，他业务精通，说话做事干练，从不拖泥带水。

于是我们要求种植户把坏的种子挑拣出来，以保证出苗率。果然种子数量一下子明显不够了。我告知玉琪镇长后，很快就运来了2000多斤新种子。种子到位、分发到户后，下一项工作就是到种植现场查看，到底种了没有，种得咋样。只有现场督导，才能真正落实。的确，菊芋种起来比较费工，得捡种子，切成牙块儿，翻地平整、开沟起垄、播种覆土，工序较多。我和忠印、焕章、忠印老婆4个人，用了两个多小时才种了三分多地，我已是腰酸背痛，根本不及六七十岁的老人。

当地人把菊芋叫洋萝卜，它是一种多年宿根性草本植物，原产于北美洲，之后传入中国。菊芋具有抗旱耐旱、适应性广、抗逆性强等特性，菊芋块茎富含淀粉、聚糖等，营养价值很高，是生产保健食品和全新多功能食品的优质原料。当地村民将菊芋腌制成咸菜吃，很清脆。商州区有一家森弗公司，正在建一条菊芋深加工智能生产线，设计规模年产10万吨。产出的菊芋会由森弗公司进行收购，解决群众卖难之忧，有利于菊芋扩大生产。据黄山村的情况，种植生产中，遇野猪危害是最大的风险和障碍。据不完全统计，黄山村47户种植户，均不同程度遭遇野猪之害。

　　8月20日，我们在村委会召开菊芋种植奖补兑现会议，应予奖补的种植户一户不落，全部准时到会。会上，首先当场核对各户种植面积，宣布奖补政策，并再次就脱贫退出标准即"两不愁三保障""八个一批"政策进行宣讲，督促搬迁户抓紧装修入住，积极发展产业。会场十分安静，大家听得非常认真，会后由志盈副支书、忠印监委主任核发奖补资金，贫困户种植户签字或按手印。

　　在陕西省委办公厅驻商扶贫团第三次联席中，工作人员组织与会人员深入森弗公司10万吨菊芋智能生产线实地参观。的确是成套设备，全自动化生产。只要森弗公司正常运营，菊芋产业就有大的发展前景，必然能成为稳定脱贫的主导产业之一。

　　朝天椒、菊芋两个产业，引起我们深思：产业项目选择必须因地制宜，尊重农民意愿，组织形式仍应以户为单位，培育生产经营者的市场经营风险意识，走市场经营之路。

女强人陈芳

在黄山村，我每天很早起来走路锻炼，路上碰见乡亲打打招呼，相互问候或驻足聊一会儿，路过村民门口，谁在，我就和谁拉拉家常，就近看看猪，瞧瞧牛或庄稼，既是锻炼身体，也是随机走访。在不经意间，拉近了与村民的距离，增进了友谊，也掌握了许多信息与诉求。路上我独自思考，重要的事随后记在笔记本上，这已成为我的一种工作方法，一直坚持着的一种习惯。

多数时我都能遇见陈芳，她是六组郭开运家的"掌柜的"，安康旬阳人，嫁到黄山村已30多年，个子不高，50岁左右，瘦小的脸颊上满布岁月沧桑。有个伏天早晨遇见她时，她手里提了一个塑料袋，腿脚湿淋淋的。我问这么早，她笑着说："早上没事儿，趁凉拾一阵子，能多少挣点。"她是天不亮就上坡捡拾知了壳，每天可捡1~2斤。知了壳中药名叫蝉脱，有疏风散热、利咽开音、透疹、明目退翳、息风止痉的作用，每斤可卖几十元。这一季她可拾100多斤，可增收2000多元。

每年正月十五刚过，她就随外出栽树务工队出发了，或是去周至、蓝田，或是在长安的山坡上栽树。栽树的地方都是秦岭北麓的山坡，挖坑、人扛转运树苗，劳动强度极大。早上在宿地吃过饭，带上水和干粮就出发，一直干到满天星斗，才返回宿营地，一般男性都感到吃力。陈芳是其中几个为数不多的妇女之一，这一季干到4月末回家，可以挣到五六千元。

　　陈芳夫妇多半年在家里，除了给自家药材地除草外，仍然以打零工为主。在这两年脱贫攻坚中，有部分贫困户危房改造，需拆除破旧不安全的土坯房，重新建造新房，他们夫妇俩总是出现在这些工地上，做做小工，每天能挣百十元。每天早上早早来干活，九十点统一停工，回家吃饭，饭后再来继续干，午饭停工回家吃饭，再来就干到天黑。陈芳像男劳力一样，扛砖搬砖、和灰和浆，多数时候，她是工地上唯一一个女劳力，每天还要回家做两顿饭，一般人吃不了这个苦。

　　2019年，有一天早上，我在十二险岭上又碰见他们两口子。陈芳开着一辆电动四轮车，车上坐着郭开运。我很惊讶地问她："你会开车？"没等她答话，郭开运笑着开腔了："她是老把式了。栽树工地开车运树苗，最早在砖窑上开车拉砖，没嘛哒！"陈芳补充道："刚买了这车，可以给人家拉砖、沙子、水泥啥的。唉！这样就能多挣些，回去做饭也快点，不耽误事。"听了这话，我打心眼里佩服她，叮嘱他们注意安全。说话间，车已转过十二险岭，下坡走了。

　　有一次，村委会安排修缮漏水的屋顶，最后两天，陈芳参与和砂浆。间隙，她给工作队几个人讲起了她的过去。她20多岁从安康旬阳嫁给黄山村郭开运。郭开运家很穷，一家四口人挤在两间破得不成样子的土坯房里，家里碗不够，吃饭时只能等别人吃完了，把碗洗了自己才能吃。后来分家，她借了50元钱添置了锅碗，一家人开始自己生活。他们有两个儿子，因家境困难没有住房，大儿子到渭南做了上门女婿，当地的自然条件比黄山村好得多，经过自己的努力，大儿子一家现在过得美满幸福。说到这里，陈芳既有一丝对儿子的亏欠，也有一丝对大儿子已过上好日子的欣慰。

　　陈芳自家的住房还是破旧的土坯房，迟迟没盖新的，因此二儿子的几次提亲都不了了之，这也成了陈芳两口子的心病。2016年他家纳入危房改造项目，国家给予每平方米600元补助，两口子狠下决心，另择一处新建住房："绝不能因房子问题耽误儿子的婚事。"他们自己拉砖、沙、水泥，自己动手做地基，凡是自己能做的，就起早贪黑、没日没夜地干。主体完工后，回填土方、内外粉、砌瓷、院落平整及厨房、厕所、柴房等附属工程，都是两口子默默完成的。他们用勤劳的双手，建成了一座属于自己的新房。夫妻俩将新房内外收拾得干干净净，井井有条，外人无不称赞。

新房为儿子的婚事创造了条件，但也欠下近10万的债。旧愁才消，又添新愁。"盖房的钱是大儿子在渭南和亲戚借的，我不能在这里借，怕传闲话，影响娃的婚事，这10万确实是个大数字。"当时郭开运和她说："咱俩用五年时间在外好好打工，把钱还了。"陈芳说起这事时，嘴角有些颤抖，两行泪滑落下来。

2018年黄山村扶志扶智表彰评议时，拟将陈芳夫妇作为最佳勤劳致富者予以表彰，但在最终确定时，有干部提议，这样表彰，可能会引起其他务工者的异议，最后决定暂停对陈芳夫妇进行表彰奖励。事后陈芳来办公室找过我，我做了合理解释，她说："表彰不表彰都没关系，奖励1000元也不是个啥，我只是想知道为啥。我家现在都好了，表彰就是对我们的肯定和鼓励。日子终究要靠自己的双手，要勤劳吃苦，堂堂正正做人。"她的话朴实无华，本分守诚，令人敬佩！她不仅是这样说的，更是这样实实在在做的。

黄山村的老四们

人们通常把在兄弟排行为四的称为老四,黄山村有周老四、王老四、袁老四、马老四等,这几个老四我都很熟悉。

周老四兄弟姐妹 10 人,他排行第四。他父亲是老村支书,干了 20 多年,为黄山村的发展付出一生,已去世多年。至今,人们还时常念叨他老人家的好。周老四最早是村里的电工,对电路很是精通。他现在早不干了,但谁家电路上有毛病,只要一叫,他都很热心地帮忙修理,我也请他修过好几次电路。2012 年我到黄山村就吃住在周老四家,和他交流最多,他的小外孙也是我看着长大的。他的小外孙每天见到我,老远就跑过来,伸开双臂让抱抱,嘴里叫着"老特(陈)爷爷",小家伙长得帅气,惹人喜欢。周老四一直在家养猪,他很认真,但每年行情起伏不定,可以说三年能有一年挣点钱,就很不错了。2014 年他家被定为贫困户,在养猪产业上我们给予了较多帮扶。后面也成立了黄山生态养猪专业合作社,从技术、猪仔供应、市场销售上,给予村里七八户养猪专业户支持帮助。2018 年春,猪价很低,户户喊叫赔了,愁眉苦脸的,见状,我与西北大学饮食服务中心联系,分三批给学校食堂直销猪 32 头,降低了养殖户的损失。这三批都是周老四忙前忙后,一手操办。

周老四有一个儿子,15 岁就去新疆谋生。在一家国有饭店打工学习厨艺 10 多年，学有所成，单位改制解散后，儿子也准备回西安创业。然而儿子未婚一直是周老四的一块心病。在农村，婚事无论迟早，作为家长，就得提早准备订婚及结婚等环节所必需的资金。为此，周老四也一直在谋划，打算自己再开辟一个副业。2016 年我和晓宇帮他参谋，因他有吹唢呐的基础，建议他组建一个黄山乐队，专门给故去的人安葬、三周年纪念服务。周老四接受了，成立了现在的黄山乐队。队员是从各地临时聘请的。几年下来，黄山乐队也小有名气，整天忙得不可开交。周老四的年收入增加了几万元，就是熬夜很辛苦。

周老四除了这些营生外，还给袁老四的"少黄山合作社"散养土鸡。袁老四是黄山村七组人，见面总是笑眯眯的，从没见过他愁眉苦脸或者严肃的表情。他 20 岁出头就外出创业了，最早在建筑工地做工，后面开始承包工程，并吸纳了不少黄山村本家族适合的男劳力到工地务工，为他们增加不少收入。有的人跟着袁老四干了近十年，大家都遵服他，对他心存感激。因此，他回村办事或是请人帮忙，大家都给他行方便。2018 年引进栽植皂角树时，我和袁老四一议即成，并很快得到落实。2018 年 7 月，我和袁老四到牧户关镇香铺村实地考察二代杂交散养黑猪，我俩一起进猪圈、上山坡，与养猪户主王贤仓交流。香铺村是陕西省委办公厅驻村帮扶点，散养黑猪已初具规模，平常黑猪肉售价为每斤 22～25 元，养猪收入不菲。考察后，袁老四认为黑猪散养可以引进黄山村发展，他愿意在他们七组老牛沟进行散养，但我认为不稳妥，决定先引进试养，看看结果，总结后再扩大。于是我们先引进了 30 头，分两处由 8 户贫困户联营，总体收益不错。

在黄山人眼中，袁老四混得不错，可袁老四没有忘记乡亲，但凡能给乡亲弄些啥好事实事，他打心底里情愿，行动上非常积极。袁老四的大舅哥王铁娃是贫困户,一生未婚,家里抱养了一个女儿。铁娃说没钱交光伏款,没钱收拾易地搬迁房,只要给袁老四一说,袁老四及时催办,再催办无果,袁老四全额代缴代办了。逢年过节他专程给铁娃送米面油肉烟茶等,一应俱全,铁娃美滋滋的。

王老四 30 岁左右,一家四口在西安,有两个孩子上学。王老四见我总是笑嘻嘻的,叫声"老陈叔"。王老四耿直开朗,吃苦耐劳,在西安主要做钢管焊接,有活干时,工期都很紧,白天黑夜加班加点,不管天阴下雨还是烈日炎炎,都在不停忙碌着。三伏天他在 40 多度的高温下只穿一条短裤,手持电焊在烈日下操作,满头大汗,着实让人敬佩,也有几分同情。见面提及时,他只是憨憨一笑:"没念什么书,不下苦咋办?一家要过活,两个娃要念书。"语气坚定,充满自信。他的两个孩子在西安上学,各种费用是他们家最大的开支,是生活之重。他的大女儿升初一时,我们给予了 1000 元资助鼓励。

王老四享受国家易地扶贫搬迁政策,在商州区安置点有一套搬迁房。安置房总算有了,解决后顾之忧。装修时都是自家兄弟几个帮忙干的,为了省点费用。他母亲在家生活,2018 年,他在老家为母亲修建了两间平房,灶房在室内,盘了连锅炕,外接洗澡间,一切都很周到,体现了他身为儿子的一片孝心。

马老四是黄山村六组人,父母已过世,家中共四口人。他原来一直在一家屠宰场打工,做了 10 多年。尽管月工资不高,倒也稳定,但 2017 年屠宰场因环保问题关闭,他失业了。生活陷入困境,只好另谋出路。妻子身体欠佳,只能做些帮厨等零工,女儿初中毕业后在外打工,儿子学习刻苦,2017 年考上西安石油大学,当年我们资助了 3000 元给予鼓励。他们一家人现在全力供儿子念书,夫妻俩说:"虽然现在苦点,但为了孩子的学习,值。哪个父母一生不是在给儿女打工呢?"他们夫妇很少回老家,倒是暑假他们回来避暑时能常常见到,他们家里收拾得干净整洁,令人印象深刻。

　　黄山村的老四们,除王老四外,其他与我年龄相仿,已步入中年,各有各的幸福,也各有各的难处,可喜的是,这些 20 世纪六七十年代出生的老四们,吃苦耐劳,为自己、为儿女、为家庭,仍然不辞辛苦地奋斗着。

产业科管促增收

培育发展产业是脱贫的根本途径。脱贫产业培育，首先应该提升现有产业的科学管理水平，促使产业稳定健康发展，提质、增产、增效，增加贫困户收入。通过技术培训、生产指导，使先进的实用技术应用到生产实践，是稳定促进原有产业技术升级的需要，是稳定原有产业健康可持续发展的需要，是补充补足产业短板的现实需要。如果一味求新求变，摒弃原有产业，忽视原有产业的升级改造，是本末倒置，不利于脱贫产业培育，将削弱产业脱贫成效。

黄山村的核桃产业是传统产业，全村260余亩核桃树分散于房前屋后和山坡路坎。黄山村的核桃树属老品种，树体高大，管理极为粗放；矮化品集中栽植，树体矮小，相对比较集中，管理需稍精细。很明显，全家常年在外的，家里的核桃树是放任不管的，任其生长，结果了就收些，没有了就算了；常年在家的农户，相对比较重视，产量和收益都有一定保证。但在生产中遇到具体难题，绝大多数群众都束手无策，重视也只能留在情感上。

"老陈，核桃黑蛋是咋回事？你帮忙解决一下。"群众的诉求需要，就是我们努力的方向，就是命令。说句心里的大实话，当时我对核桃生产的管理技术比较生疏，具体的难点技术更是不太懂。知之为知之，不知为不知，千万不能不懂装懂，否则，就是不负责任，就是乱作为了。

不仅仅使个人声誉受损,更会影响西北大学的形象与声誉。解决不了生产难题,有负群众,做坏了,造成损失,反而对不起群众,内心何安!

咋办?我首先查询资料自学,先学理论方法。其次,我虚心向专家教授请教。我先后请教过王志龙、定光凯、袁锋印等一线专家,他们既有较深的理论知识,又有丰富的实践经验。他们至今仍常年活跃在生产一线,指导生产,所传授的技术方法具有科学性、时效性和可操作性。我通过自学和请教弥补,将所学所知再传授给群众,和群众一道实践、总结提高。我只是技术"二传手",或者说是"科技贩子"。

核桃黑蛋,又名核桃细菌性黑斑病,病菌一般在树梢或芽内越冬,翌年春,泌出细菌液借风雨传播,主要危害幼果、叶片和嫩枝。果实受害时,表皮初现小而隆起的褐色软斑,后迅速扩大逐渐凹陷变黑,外围有水渍晕纹,严重时果仁变黑腐烂,老果受侵只能达果皮。核桃举肢蛾等害虫危害,会加重病情的发生,所以有人认为黑斑病是一种虫害。核桃黑斑病直接影响核桃质量和群众收益。

防控核桃"黑蛋"病害,事关核桃产业发展,事关群众利益,必须从细微处着手。病害防治需要综合施策,我调来腐殖酸有机肥,推广配方施肥,夯实营养基础,以提高核桃的免疫力。先给大家讲到位,村民听明白了,肥也就能施到位了。但遗憾的是,除了几十亩矮化园施肥到位外,老品种施肥者甚少。第二年又有继续施肥的村民,也算欣慰。黑斑病是细菌性病害,病虫危害只是加重侵染的因素之一,但群众认为病虫危害是主因。为了纠正这种认识,不误农时季节,在芒种之前,我将在村种植户集中到二组一核桃园中,现场亲自讲,再现场示范,翻起树盘下的耕层土,喷施药剂毒死蜱,再浅锄,目的是抢在害虫出土之前消灭它,此时灭其一,可顶树上死一千。会后,我把药剂分发给各组组长,由他们监督各户落实,及时有效喷药防控。同时基于实际考虑,我们雇用了贫困户劳力,组建统防队,集中时间段,统一方案,统一喷施，做到统防统治。坚持施用生物制剂和低毒保护性杀菌剂，确保低残留、无公害。为提高效率，我们还购置了自动喷雾器，每次配药，对配药人员进行集中培训，讲清配比，多少药兑多少水，先放哪个后放哪个，什么时间喷施，等等。严禁中午时段喷施，现场操作示范，统防队成员能复述、能操作时，才让他们出发喷施，中途再去现场查看，监督指导。

核桃生长的另一大问题是春季低温霜冻危害。春季霜冻一旦发生，核桃可能全军覆没。2018年春，发生严重低温霜冻，商洛核桃损失惨重，咋办呢？这方面倒是有些经验，只是防控方法之一的熏烟，为防止发生火灾而不能用。其他有效方法就是喷水、喷施具有防冻功效的植物生长调节剂。在经两年小试，又在征求专家、使用者意见的基础上，最终确定选用海藻类植物调节剂——优得利，实际效果不错。在具体实施上，仍然采取集中统一喷施的办法，操作上要求枝枝干干喷到变湿。2019年春季，我跟随喷防人员一大早前往现场，就是现场查看是否喷到位，只有喷到位才会有效果，否则，只能是劳而无功，没效果。"老陈，你还不放心，不怕累，跟到现场，你看我们喷得咋样？你放心吧！不然真对不起你们西北大学了。"我会意地笑笑，抱拳致谢。

通过三年努力，2019年取得显著成效，核桃获得丰收，核桃黑蛋发生率控制在3%～5%，得到了村民的普遍赞誉，也是一丝安慰。

核桃生产中也发现一些带有苗头性的问题，主要是核桃根腐病和腐烂病。参照过去在苹果上防控这两种病害的经验，我采用根果良品菌剂配方施肥，加灌根宝贝复合菌剂，有效防控根腐病，病株发出新叶，抽发新枝。用菌剂和鲜土按1∶1的比例和成泥，将主干腐烂病灶用刀轻刮见鲜皮，外延扩大至病灶外沿1厘米，再把菌土泥涂上，约1厘米厚，外面用薄膜包扎即可。月余，去掉薄膜后发现腐烂处不再外侵，边沿处长出新皮，腐烂病得到有效控制。

核桃是商洛区域的特色产业，为服务这一产业，我们先后引进推广先进实用技术，特别是微生物技术和机械化技术应用，以弥足生产技术短板，并积极推广黑斑、霜冻、根腐等关键病害综合防控技术，促进技术升级，产业增产增效。强化销售渠道拓展，并借力构建互联网平台，巩固发展脱贫产业。巩固建立商洛核桃金字品牌，必将使核桃产业成为商洛群众增收致富的"摇钱树"。

2019年，西北大学将黄山村各户核桃全部予以收购，直供师生员工，加大消费扶贫，推进产销两旺。

黄山村的好媳妇

2017年初冬,村里安排占民、印川、书通、天年等五六个常年在村的老汉给樱桃树施肥,我早上去一组施肥现场查看。几个老汉已干了一阵子,脱了外套,正坐在锨把上歇息。我走了过去,打声招呼,道声辛苦,现场看看方法是否正确,几个老同志很是认真负责,肥施得合乎标准。

几个老人围过来议论:"卫祥娃可怜,现在躺在炕上,他婆他爷要照顾,两个娃还小,生活太困难了,多亏他媳妇不离不弃的。""媳妇儿确实好,娘家她父母也好,放在一般人,这情况早都走了。他家真困难,应该多帮助……"几个老汉你一句他一句说着,又开始挖坑施肥了。返回的路上我和忠印聊起来,忠印说:"这一家是全村除五保户外,最困难的一户人了。卫祥父母先后患病去世,娃现在又瘫痪了,确实应该多帮扶。"忠印是黄山村干了几届的村监委会老主任,对村里各户的情况很了解。

据卫祥邻居马志玲夫妇介绍,李卫祥是李建康家的大儿子,李建康夫妇俩早些年患病相继去世了,家里还有老父亲、老母亲在世,都80多岁了,老两口独自生活,但年事已高,仍需照料。卫祥一家四口,有两个年幼的女儿。原先两口一直在外打工,生活尚好,然而天有不测风云,2016年底卫祥在西安一工地安装广告牌时,广告牌突然掉下来砸中他，伤及脊椎，紧急送医，先到西安红会医院医治，欠下 10 多万费用，后又到省医院医治，也是欠下医疗费，只好放弃。终因伤及脊椎导致瘫痪，无法站立，只能回家休养。返回黄山村后，家庭的全部重担由妻子承担，全家陷入困境。而这场意外伤残事故也没有得到合理的处理，一直悬而未决。

2017 年贫困户重新识别时，按政策要求，卫祥一家四口与其祖父母合户识别为一户贫困户，一家六口人，为深度贫困户。大家一直牵挂着卫祥，多次议及此事，讨论如何提供有效帮扶。我们多次入户了解情况，问需于家人。卫祥内心抱有强烈愿望，希望医治好自己，站起来重新打工，养活一家人，但他有时也怕拖累家人，让妻子带上两个女儿另谋生路，思想情绪极度不稳定，妻子在一旁只是偷偷抹泪，表示为了卫祥和两个女儿，无论多苦多累，她都要坚强地支撑下去，大家深受感动。

这一家人，最紧要的是有稳定的收入来源，维持生计。卫祥祖父母年事已高，享有高龄补贴，老人还有一双儿女，卫祥一家四口咋办？大家认为根据家庭现状，可以为他们申请低保，让他们享受低保政策。2017 年三季度，我们成功申办了卫家 6 人 C 级低保，加上卫祥的残疾补贴，以及本人、祖父母、两个女儿的分类施保等，一家人的基本生活有了保障。2019 年春，时任大荆镇党委书记王伟来黄山村入户走访调研，深入了解该户的实际情况后，王书记向民政办人员提议，可按程序申请办理由 C 级低保升为 B 级低保，同时，他当即指示镇民政办提供 1000 元的临时救助，积极落实国家的脱贫政策。2019 年二季度，低保升级得到落实，卫家由 C 级升为 B 级，有力保障了全家的基本生活。

2018 年春，马平娃支书提议，由西北大学出资聘卫祥妻子给村委会打扫办公室，工资和村里公益性岗位的清洁员一样，每月 500 元。我专题向学校汇报了这个家庭的具体情况、现状以及初步拟定的具体帮扶措施，学校很重视、很支持，同意由学校出资为该户提供清洁工公益岗位。同时，主管领导要求精准落实国家脱贫政策，学校也提供精准有效帮扶，并明确要求加强扶志扶技，多层面帮扶，确保落实落细"不落一户一人"。遵照执行学校的决定，我们向卫祥妻子提供了打扫村委会办公室的公益岗位，可使卫家年增加收入 6000 元。这件事得到了绝大多数村民的赞同。

在落实脱贫政策，解决生计困难的同时，为促使稳定脱贫，防止返贫，我们动员村民申办小额贴息贷款 5 万元，鼓励发展产业，增加家庭收入。我们鼓励卫祥妻子散养土鸡 500 只，享受政府产业奖补 2500 元。卫祥妻子对散养土鸡十分上心，起早贪黑喂养、打疫苗、做防疫，降低死亡率，500 只鸡共伤亡 5 只。她一天打扫三次鸡舍，环境干净卫生，同时科学喂养，青草、饲料搭配合理，鸡生长健壮，单个重达七八斤，她也成为全村散养土鸡最干净、最成功的养殖户。当年 11 月鸡以每斤 11 元的价格出售，毛收入达 3.5 万余元，净增收入万余元，当年核实卫家人均收入 6000 多元。为巩固脱贫成效，防止该户出现返贫，大家在年初评议时，将他们列入 2020 年兜底户之列，继续享受兜底和帮扶政策支持。

卫祥瘫痪在床已经 4 年了，意外事故一直未得到合理的解决。2019 年 5 月，西北大学法学院的师生来到黄山村，得知具体情况后，他们发挥法律专业的优势，主持正义，主动伸出援手，委派刘建昌教授和他的研究生为该户免费提供法律援助，现已立案。西北大学基建处、医学院党支部也先后两次与该户结对帮扶，发放产业资金 2000 元。医学院组织专家来村进行义诊时，派专家上门诊疗指导。"西大人"用真心真情，彰显"西大人"的责任与担当，多措并举，助力脱贫。

卫祥妻子用柔弱的肩膀扛起了照料祖父、丈夫，以及抚养两个女儿的重担。每日三餐，给祖父送过去，并照料起居；独自承担丈夫的吃喝拉撒，每日给丈夫定时按摩，四年如一日；每天接送女儿上下学，晚上辅导作业，鼓励女儿努力学习，将来做一个独立生活、对社会有用的人。全村评选好媳妇时，她第一个被推荐，全票通过，被授予黄山村"好媳妇"称号，受到表彰，成为学习的好榜样。

优秀党员李改宪

初冬,地处秦岭腹地的黄山村已有丝丝寒意,冒着寒意,商州区第三自查自评组一行来到黄山村核查指导。小组对18户贫困户和7户非贫困户进行了入户座谈,下达核查问题整改通知书,由黄山村四支队伍组织整改。即时一一核实,汇总后反馈问题,模拟省上成效考核程序。

对贫困户所反馈的问题,四支队伍举一反三,普查再整改。对非贫困户,大家议论最多的是非贫困户李改宪家的人均纯收入有些太高,引起大家的注意。李改宪是2014年认定的贫困户,2017年数字清洗,重新识别时,自愿退出贫困户之列,这次作为非贫困户核查对象,为什么人均纯收入高呢?据第二核查组反映,因前几天李改宪出售三头小牛犊收入2.6万余元,纯收入2万元。自繁的牛犊放养成本低,原本问题在牛身上。

李改宪,中国共产党员,家中四口人。其母亲和其弟立宪一家合户识别为一户贫困户,但弟弟两口常年在外务工,供养两个孩子上学,实际上母亲与李改宪一家生活。母亲年迈体弱,心脏不好,需要细心照料。改宪两个儿子早些年大学毕业了。大儿子一家三口在宁波,改宪媳妇长年带小孙女,每年往返穿梭几趟。二儿子大学毕业后在西安工作,年近三十,尚未恋爱结婚,成为改宪两口心头之事。当年两个儿子相继上大学时家中经济十分紧张,改宪两口在家中养鸡,精心管理,用卖鸡的收入供孩子们上学。后来接连发生的鸡瘟、禽流感，导致养鸡户一一收手不干了。改宪亦是如此，只好外出务工，与黄山村大多数外出务工者一样，仍然在建筑工地出卖劳力，但好景不长，改宪在工地上发生意外，从架子上摔下来，致使脾脏破裂，医治好后，不能再出大力，只好返回家休养。

休养漫长而烦躁，后面在家里干啥？单独种地没有效益；外出务工已不可行。我与他探讨交流过多次，肯定又否定。最后，依据黄山村实际，结合市场情况，他决定放养牛。村里大多数山坡地已是杂草丛生，适合放养牛。从多年实际情况来看，鸡、猪、羊市场波动较大，而牛的市场价格稳定，只要自繁自育，逐步发展，预期效益还是不错的。可是养牛至少要有三五头，才能起好步。这样问题又来了，一头牛犊近万元，购买三五头牛犊，资金从何而来呢？

为筹措资金，大家又聚在一起商议，真是"三个臭皮匠顶一个诸葛亮"。改宪儿女亲家提出一个方案供大家讨论："改宪信用社还有贷款未清，不可能再贷，购买牛娃子又不是个小数目，我建议改宪和立宪弟兄俩合伙饲养，立宪可享受贫困户小额贴息贷款，出资金，改宪具体饲养，这样可贷5万元，弟兄俩分红，也算是改宪以产业帮扶弟弟脱贫，大家看咋样？"大家一番分析讨论后，都认为办法可行，也是一种兄帮弟、弟帮兄、兄弟互助脱贫新模式。兄弟俩沟通后，一拍即合，养牛的事儿就这样定下来了。

首批买了5头牛犊饲养。改宪养牛十分认真。每天一大早赶着牛上坡过坎，到后山空旷的荒芜地放牛，自己在核桃园或除草或修剪打药两不误，或在涧边割草，回来时带上两大捆草储备上。夏秋季割的草可在连阴雨季节应急用，但一年当中冬春两季五六个月，时间很长，如果没有储备草料就无法喂养，无法保证牛安全越冬，这一直是养牛户一大心患。入户调查几户养牛户时，大家一致反映冬春缺草问题，引起我高度重视，我立即与农业界朋友联系咨询，他们向我介绍了陕北、内蒙古种草养牛羊的情况，推荐我与北京一家公司联系，说这家公司专营各类草种。我和该公司张博士沟通多次，向他提供了黄山村的气候、土壤、降雨、无霜期天数等技术参数，请他帮忙选配专业性草种，并最终选购甜高粱品种，全村养牛专业户均有种植。当年李改宪率先种植10亩，我们在生长期实地看了多次，甚是满意。秋季收获时，甜高粱长至5米多高，秆粗壮。李改宪雇了五六个劳力收割，再粉碎、装袋，装了十多个大袋，约十吨，完全够7头牛冬春饲养，安全越冬。此项措施有效化解了养牛户冬春缺草的难题，解决了养牛产业的后顾之忧，促进了养牛产业持续健康发展。

李改宪牛养得最好。三年时间由最初的5头自繁自育到现在的15头，每年新增5头，一头牛就是1万多，让人羡慕，成为立足本地实际，发展养牛产业，勤劳致富，兄弟互帮脱贫的典范。

发展养牛产业也不是一帆风顺的，需要不断学习，不断摸索积累经验。2018年改宪的一头牛在下牛犊时出现状况，母牛与犊子全死了，损失上万元。"养牲口，就是这样，要勤快，当回事，还要不断学习积累经验，当一个长期产业来做，出现这点意外也正常，说明还有技术管理欠缺，但绝不会影响发展。"他信心满满，表现出一名共产党员的坚韧不屈。榜样的力量是无穷的。在改宪养牛榜样的示范带动下，三组李树林返乡创业贷款养牛，现已发展13头，成为黄山村又一个标兵。李立宪在兄长李改宪的真心帮助下，李树林在自我奋斗中，均于2018年顺利脱贫。养牛产业蒸蒸日上，日子会更红火，充分诠释着幸福是奋斗出来的，充分说明发展产业是脱贫致富的根本之策。

李改宪情系群众疾苦，关心关爱黄山村集体，热心公益，敢为人先，事事示范带动。牛粪过去是自然发酵，或生粪上地，肥效差，而且会产生烧根等副作用。我引进生物发酵畜禽粪便、杂草秸秆，自制生物有机肥，改宪第一个试验示范，按技术规范要求，对牛粪分批进行灭菌发酵。"这个方法好，整个院子没有臭味儿，牛粪上到果园、菜地、甜高粱地里，作物很壮实，效果非常好。"自己用不完的，改宪以每车近200元的价格出售，也是一点收入。

作为一个个体，李改宪身上充分体现了只要立足实际，因地制宜选择产业，只要用心用力脚踏实地来做，就一定能做成一件事、一项产业。作为一名党员，他不忘初心，牢记使命。事事处处做表率，示范引导群众；堂堂正正做人，勤勤恳恳做事，不等不要，靠自己一双勤劳双手和汗水，努力脱贫致富奔小康。

返乡创业青年

2019年元月，秦岭腹地的黄山村异常寒冷，村民个个裹得严严实实，口里哈着热气，跺着脚，增温御寒。这天，西北大学党委书记王亚杰，带领党委常委、副书记孙国华，副校长王正斌、常江、赖绍聪，总会计师张增芳，党校办主任吕建荣等，一行人冒着严寒，驱车两个多小时，来到黄山村检查指导黄山村脱贫攻坚工作。会上，总结评估了上一年度的工作，与镇村干部，驻村干部，黄山村党员、群众代表一起共谋脱贫项目与帮扶措施，还表彰了李树林、王江等两名贫困户返乡创业优秀青年。与会领导为他们披红戴花，颁发荣誉证书，发放奖金，鼓励他们立足黄山，科学养殖，劳动致富，通过培育发展产业，实现脱贫，树立榜样，共同推进黄山村产业发展。

李树林是黄山村三组贫困户李升强的儿子。父亲李升强早些年就开始养牛，至今养牛有十多年，是黄山村有名的养牛老把式。岁月不居，时节如流，如今老李已经八旬有余，力不从心了，而且老伴体弱多病，需要照料。李树林在兄弟中排行老四，和黄山村同龄青年一样，一直在外打工，因缺少技能，务工也主要是出卖体力，三天打鱼两天晒网，很不稳定，收入时好时坏。而父母年迈体弱，需要照顾，不免牵挂在心。

在黄山村党员李改宪成功养牛的示范下，李树林与家人合计，与其在外漂泊，看不到前景又牵挂父母，不如返乡也养牛。李树林这一决定，也是经过了一番痛苦抉择的。"我后来想通了，别人的议论，只是别人的看法，我认为养牛稳当，方便照顾父母，这里条件也好，自己的事儿自己定，不关别人的事。"我和他谈及此事时，他是这样告诉我的。万事开头难，养牛首要是要有资金买牛犊，可他家里仅有的一点儿积蓄，不足买两头牛。恰好这时，我们讲解了贫困户小额贴息贷款政策，于是李树林很快协调办理了 5 万元贷款，他称这是雪中送炭，解了他的燃眉之急。父子家人齐上阵，他们自己动手设计搭建牛棚，准备草料，在老把式父亲的把关下，李树林实地考察牛犊品种、成色，经过协商议价，首批买回 9 头牛犊开始喂养。

贫困户小额贴息贷款，国家提供三年贴息，就是鼓励贫困户培育发展产业，通过产业这一根本途径早日脱贫。李树林返乡养牛的抉择是正确的，他有国家政策的扶持，也有银行贷款的压力，全家老少依靠养牛产业，激发他乃至全家老小的内生动力。天天想，天天干，按时喂养、割草、出圈、清洁，忙碌而充实。有李改宪养牛越冬缺草的经验教训在前，李树林刚买完牛犊不久就跑来问我："老陈，我养了 9 头牛，明春一定给我弄些甜高粱种子，不然冬春缺草就麻烦了。""这个你放心，我们一定提供甜高粱种子，你计划种多少亩？""种上 20 亩。""好，我来落实。种子到了，让你来取，但一定要按要求种。""没问题。"他满怀信心，我自然也是满心欢喜。2019 年春，李树林早早整地，种了 20 亩甜高粱。

国庆假期间，我入户到李树林家，看到一群不大熟悉的面孔正个个忙碌着。我循着机械轰鸣声来到牛棚边，只见升强老人正在粉碎甜高粱。看我来了，他暂停下来，满脸堆笑："老陈，你来啦，今年甜高粱长得好，这几天亲戚正在帮忙收割，我粉了装袋。"11 月中旬我再次入户核实时，升强老人依然笑容可掬："树林放牛去了，甜高粱粉碎完了，装了20袋，加上这些干草，冬春够了。"我们开心满意地笑了。

李树林家是2018年脱贫的。此后帮扶责任不脱，帮扶措施不减，2019年他们申请审核得到政府产业奖励补贴。"树林养牛后，很勤苦，现在已经繁育到13头了，明年还再会生四五头。"升强老人对儿子很满意，又有些心疼。脱贫靠自己，不等不靠。李树林返乡养牛，用勤劳和汗水，奋斗出一家人的美好生活，成为黄山村青年的榜样。

受到表彰的另一位优秀返乡创业青年王江，是黄山村六组人。他初中毕业后外出务工谋生，在务工中习得电焊技术，相应他的机会就要比没有任何技术的人多，收入自然稍高一些。随着市场饱和，电焊技术工人群增多，机会少了许多，最主要的是拖欠工资严重，工期不长，却要花几倍十几倍的时间讨工资，日子过得大不如以前。思考再三，王江决定回家创业。2018年，王江承接了黄山村委会活动板房的修建，在此过程中，我和他有较多接触，也对他有了更深入的了解。发现他技术娴熟，做事严谨，干活质量有保证。

返乡后干什么呢？王江思考着。他和几个朋友先后实地考察选择，然而还是没有确定的方向。后来有人建议他饲养鼯鼠，因为鼯鼠的粪便五灵脂具有很好的药用价值，他便赴商州境内鼯鼠养殖户家考察，并向专家请教学习。基本了解鼯鼠的生活习性和饲养技术后，王江下决心饲养鼯鼠。他在自家搭建钢构棚，制作了鼯鼠笼架子，一次购进240只鼯鼠开始饲养。从学习了解到具体饲养，他处处小心，时时谨慎，严格按技术和要求操作。他亲手制作小鼯鼠馒头，并采集柏树叶等喂养鼯鼠，定时定量，遇到问题时，随时随地打电话咨询请教，一丝不苟，像抚育婴儿一样细心。经过一年多的饲养，他已基本掌握饲养技术。鼯鼠已近两岁，进入成龄发情交配期，对此王江还没有技术经验，于是他全天候仔细观察，精心饲养，全心照顾，反复打电话咨询请教已有15年鼯鼠养殖历史、具有丰富管理技术经验的黄小虎。请教他怎样观察，如何分类管理，希望鼯鼠能成功交配，降低幼崽伤亡率。只有成功繁育幼崽，幼崽成活率高，才有效益。

"饲养两年多了，基本技术掌握得咋样？最大的教训和困难是啥？"我和他面对面交流时问道。"喂了两年多了，基本技术掌握了，最大的教训是幼崽伤亡较大，240只在一年中伤亡40只，最大的问题是交配期的管理技术还没有完全掌握，没有啥经验。"他满脸愁云。"你请黄小虎专家亲自来一趟，现场指导一下，抓好关键期管理，减少伤亡，就是效益。""已经说好了，他最近就来。"寒风中，我们交流着，他对鼯鼠产业信心满满，表示只要细管平常、抓好关键，这个产业就没问题，只要认真饲养，一定会有好的效益。

据了解，在专家的技术指导下，加之自己辛勤的努力，王江已掌握鼯鼠的生活习性和人工饲养管理技术。两年多以来，他收集鼯鼠粪便——五灵脂2000多斤，收入2万多元。客户上门收购五灵脂，现款结算，供不应求，前景广阔。2019年，我们帮扶王江一定资金，帮助他完成鼯鼠棚舍保温围墙的建设，为下一步扩繁生产创造条件。

通过资金、技术、市场销售等多层次帮扶，鼓励产业发展，表彰优秀返乡创业青年，目的在于树立榜样，引导有意愿返乡创业的青年，立足家乡，谋划发展产业，用产业实现稳定脱贫，在乡村振兴中大显身手。这并不是说让外出务工人员都返乡创业，而是对在外无一技之长、无稳定工作、无稳定收入的那部分人员，提供政策支持和具体帮扶，谋划培育发展产业。2017年11月，在西北大学举行的黄山村务工协会培训会上，我对相关政策进行了宣讲，分析了务工短板，建议大家在家乡复耕荒芜已久的耕地，种植连翘、二花、柴胡、猪苓等药材，栽植花椒、核桃等经济林木。每年分次回村除草、施肥等，既不误务工，也能确保这些中药材、林果正常生长。2018年，七组王改选流转本组7户闲置土地，栽植花椒树 50 多亩；六组王小兵、郭开运，四组王天年等人积极种植药材，栽植花椒树、皂角树，以实际行动培植未来产业。

李树林养牛稳步发展，王江养鼯鼠已见回头钱，还在谋划养牛，相信在乡村振兴之期，黄山村的产业将是一片繁荣，结出累累幸福硕果。

优秀党支部书记马平娃

己亥年七月二十七日，天空阴沉，细雨绵绵，哀乐低回。这天是马平娃支书的母亲下葬的日子，全村老少及亲朋好友，都前来送别这位纯朴善良的老人。马平娃的母亲患病多年，最后数月卧床不起，终医治无效驾鹤西去。这天，送别的人个个表情凝重，不少人抽泣抹泪。等灵棺抬出家门至路口时，马平娃实在无法压抑心中的悲痛，放声号啕大哭，声声唤娘亲，凄情悲切，声声刺痛在场的每个人的心。

马平娃是家中唯一的儿子，他父母先后患脑梗，行动不便，需要精心照料。然而，平娃哪有时间和精力呢？三年村主任，两年村支书，又正在脱贫攻坚冲刺的紧要关头，作为主体责任人，开会、宣传、安排、组织、落实，繁杂细碎的工作占据了他绝大部分时间和精力，基本没有时间照顾卧病在床的父母，只能拜托姐妹操劳，自己提供一点资金，以表孝心。这哭声中传达出平娃对母亲的愧悔、内疚与不舍，传达出对姐妹的愧疚与感激。

黄山村的脱贫攻坚同样凝结着建林、志盈、卫卫、忠印、郭刚等干部的辛勤与汗水。他们为贫困户脱贫、为黄山村发展做了大量实事好事，出色地完成了上级交办的各项任务。虽然时常遭受个别群众的不解甚至非议，满心委屈，但初心不变，依然坚定地行进在脱贫攻坚的路上。王志盈支书面对久病卧床的老母亲，也只能拜托妻子和妹妹们照顾老人，自己抱病奋战在工作一线；周卫卫主任几乎将全部心思用在工作上，家中一切家务农活都扛在了勤劳善良的妻子肩上，令人感佩。

马平娃是我在黄山村扶贫八年中的第三任支书，平常我和他交谈较多，工作配合密切。他本性善良，群众细小的事看得比自家的事还重，不计得失，尽心尽力去办。遇到有些干部和群众不理解，他也不多争辩："唉！没啥，只要让黄山村的群众受益就行了。"他自己的车常用于办公事和群众的事，对此他从不计较。

平娃支书从全局出发谋事，雷厉风行，办事果断。为了帮扶群众，西北大学积极发挥消费优势，组织年货节、消费直通车等活动，村里的农产品正是活动上的"主人公"。为此，平娃几乎每次都是亲自组织操作，半夜三更出发，赶天亮到达。我和他多次凌晨三四点装货出发赶路，实在困得不行了，就把车暂停在秦岭腹地宽敞处打个盹，起来继续赶路。近三年来，黄山村的农副产品直供销售 30 多万元。2019 年冬，我和他又一起谋划直供西北大学散养土鸡、核桃、黄豆等，不断拓宽市场，促进产业发展。其中，黄山村达到标准要求的核桃，我们一扫而空，直供西北大学，赢得村民一致好评。

在他接任村支书之初，我和他有过一次深入交流，我的观点是做好"动"文章，让全村人都动起来，勤劳致富。他完全接受这一观点，且积极落实着。他利用从西北大学争取的项目资金，完善补足基础设施短板，促使贫困户劳力就近务工增收；他认真落实产业政策，积极落实政府产业奖励资金、西北大学帮扶资金，引导村民发展种养产业，使群众融于产业有事干，有钱赚，增加收入。村三委干部着力推进危改、旧宅腾退，成立了专门队伍，提供大量劳务机会，以增加贫困户收入。同时，向上级争取公益岗位职数，选配符合条件的贫困户劳力上岗，既平衡矛盾，又稳定增加贫困家庭收入，助其稳定脱贫。他组织政策宣讲，触动群众心灵，坚持支书遍访贫困户，知家情，知需求，解难事，增进感情；配合驻村工作队举办技术培训，补足管理技术短板，推动人人学技术、用技术，不断提高产业发展中技术的比重。大到村民家中的难事、急事、突发事，小到柴米油盐，平娃事事关心。每次召集党员群众开会或学习，他总是驾车接送年迈体弱者。每年老龄年审，他也总是上门服务。见微知著，马平娃用真心真情、周到服务，赢得了村民的认可与信任。

除此之外，对前任的遗留问题，平娃认真对待，宁可自己吃亏，首先要解决群众的困难。他的工作执行力较强，果敢勇毅。"只要思想不滑坡，办法总比困难多"，这是他经常挂在嘴上的话。对上级安排交办的任务，他总是创造条件，克服困难，力争高质量第一时间完成，时时处处体现了大局意识、全局观念。2019年初，大荆镇发生4·16森林火灾的危急时刻，马平娃主动请缨，连夜组织了30多人的黄山扑火队，第二天凌晨第一个抵达。他一马当先，在扑火现场，靠前指挥，身先士卒，全力以赴，顺利完成任务，用实际行动诠释了一名共产党员的使命担当。

平娃好学，对文学、历史、农业兴趣浓厚，闲暇时，我俩常常谈论历史、农业管理技术，我也从中学到不少。正因有农村基层正职的工作经历，加上勤奋好学，在2019年陕西省基层公务员报考中，他以优异成绩通过笔试、面试，并顺利通过组织考察，将在新岗位更好地服务群众。当马平娃接到商洛市组织部的文件时，他问我对他有啥叮嘱的，我说："不断学习，弥补工作短板。用规范更加严格地要求自己，以尽快适应新要求，做出新业绩。"

金无足赤，人无完人。马平娃需要更加刻苦学习，补足文化技能短板；需要更加沉稳，不急不躁，让岁月沉寂的智慧、技能与经验成就美好人生，更好造福百姓。

西大学子在黄山村的一堂思修课

回想起来,认识陈中奇老师,是在十多年前一次西大学生暑期下乡扶贫活动中,那时他刚留校任教,现在他已是马列主义学院思修课副教授了。

2019年4月,中奇突然来电话说,他想组织西北大学部分优秀学子来黄山村参观学习,让我给学生们讲讲脱贫攻坚和自己的扶贫经历、体会,和同学们深入交流,同时带着学生们参观一下黄山村。这也是我一直想做而没做的事儿,所以我便一口答应了。看什么?讲什么?我一直盘算着。大体有个雏形时,和中奇老师打电话进行了沟通。他说他先到黄山村看看,我们当面再商量确定。我自然再做详细计划,要选择具有代表性的参观点,能体现西北大学的帮扶成效;讲解内容要更丰富些,同时补一下孩子们的自然科学,让他们亲身感受当代农村农民的生产生活状况,不做刻意准备,尽显一切真实。

陈中奇、刘世雄在中奇夫人张老师的陪同下,驱车来到黄山村。我自然很高兴,兴致勃勃地当起向导。漫步乡间小道,我逐一向他们介绍西北大学在脱贫攻坚期间为黄山村办的每件实事,全村基础设施、经济发展、村民的生产生活情况,贫困户在住房、饮水、教育等方面从过去到现在的巨大变化,等等。我还带着他们现场参与了种植甜高粱,感悟农民的不易。四个多小时走了大半个黄山村,我沿路与他们详细沟通确定了学生到访的参观点、参观内容，以及座谈会的具体流程和午餐安排，对陈中奇组织的这场"黄山思修课"进行了详细备课。

一转眼，学生们参观学习的日子来临了。我与村民一起早早摆好八十个铁凳，烧好开水，像迎接贵宾一样，等候西大师生们光临。几个村民在大厨红彦家里，摘菜、洗刷、切菜、烧火等，个个忙得不亦乐乎。"虽然简单，但要干净卫生、可口入味，不能马虎。"红彦叮咛着帮厨的几个妇女，他老父亲烧好了几"电壶"的开水。从每一项、每一个细节，都能体现出黄山村干部群众对西大人的那份情。

天阴沉沉的，雨时下时停。上午十点，两辆大巴驶入黄山村，在村委会对面的路上停下，西大学子、带队教师依次走下车，个个朝气蓬勃，精神抖擞。小憩后，大家落座于村委会二楼的会议室中，会议由中奇主持，他简单介绍了一下，便直接点名由我给同学们讲讲有关扶贫的事。我从中国扶贫的历史沿革，特别是全国脱贫攻坚取得的历史成就，讲到西北大学的扶贫，对西大扶贫的重点，从基础设施、教育资金、产业发展、扶志扶智和结对帮扶等五个方面，进行了较为详细的介绍，数据翔实，事例充分，同学们认真听、认真记，我也简单介绍了自己从事扶贫的工作经历，与同学们分享了自己的体会，即既要学习理论又要重视实践，既要学又要思考，学思统一，既要努力学习，又要重视锻炼身体，建议同学们放下手机，走出宿舍，多去亲近自然，了解自然，多去实践，健身修心。

与会师生向我提出几个问题，我据实予以回答，与大家深入交流。中奇在总结时说："今天大家上了一堂生动鲜活的扶贫课，一堂检视价值的人生课，也是一堂高质量的思修课。大家认真思考，回去每人写一份800字的体会。"

近两小时的座谈会结束后，我带着大家沿主干道前行，介绍路边的树种、花草、动物。"这么好的韭菜！"有人惊呼道。"非也！是春天刚刚拔节的小麦苗。"沿山坡继续上行至村民东风的新房处，我介绍这是黄山村危房改造户。国家为解决贫困户的重点住房，通过易地扶贫搬迁，集中安置，每人补贴 2.5 万，户负担不超过 1 万元，全村搬迁 80 户；另一个是危房改造，补助标准，一人户补助 1.5 万元，二人户补助 3.6 万元，三人及三人户以上补助 4.8 万元，全村危改 2 户。东风拆除破旧房屋，现在住上新房，全家安居乐业。同学们听后十分感慨。

我带着大家参观了黄山村老煤窑，向大家描述了昔日煤窑上的故事。沿路走进田地，我让同学们亲眼看看，认识一下二花、连翘、小茴香、小花椒树、山楂树等，大家议论着照着相。不觉中来到村民郭焕章的院子，院台上摆着四五个装有几种药材的袋子，其中有柴胡、黄芪、二花、蝉蜕、蒲公英、桔梗等。老郭给大家简要讲了各种药材的习性功效："柴胡，能解热、开郁，黄芪、二花，能清热解毒，蝉蜕有散风透疹的功效，蒲公英可以清热解毒、消肿，桔梗可祛痰排脓……"大家饶有兴致，听着，拿手摸摸，有人还嗅嗅。"知了壳，我认识，过去不知道是中药，更不知道有散热透疹的功效。学到了不少。"同学议论着。

中午一点多，又下起雨来，村干部们找来篷布，摆好桌子、餐具，准备吃午饭。午餐是 6 个素菜、臊子面条和锅盔，清素干净。村里还特意准备了较多的热豆腐，上了一碗又一碗。商洛豆腐，特色！喜欢！午饭前后师生们还参观了我的驻村宿舍，感慨不已，纷纷表示："陈老师，您辛苦了！""您太不容易了！"

饭后，我带领大家相继参观鼯鼠养殖专业户和养牛专业户，让师生深入实际近距离接触，亲自观察了解养殖情况；在养牛场，李改宪拿出犁、耙、耱等老式农耕器具，给大家讲解，还让同学们现场试一试，同学们从中真切体会到农户生产生活的艰辛，几个同学表情凝重，感同身受。

时间飞快，转眼就到了告别的时刻。车辆启动了，我们挥手致意。再见，西大人。

义　诊

没有健康，哪有小康。因病致贫、因病返贫，在贫困地区占有很大比重，健康扶贫成为脱贫攻坚的重要内容。农民享有农合疗、大病保险、民政相助、政府兜底等健康扶贫政策，农合疗给予减免，已使群众住院治疗中合规报销比例超过80%，看病难、看病贵的问题基本解决。黄山村仅2019年度，有30户36人次住院，合规报销全额达176,576.41元，报销比例达80%以上。

在农村，从某种意义上说，不良的生活习惯，小病不治拖成大病，健康知识、保健意识缺乏等，都会引起因病致贫。"国家医疗政策太好了，但谁也不想生病住院。"村民常常这样说。在这种情况下，宣讲普及健康知识，树立村民的保健意识，引导他们改变不良的生活习惯，让群众不生病、少生病，健康生活，就显得尤为重要。而将这些践行于日常，常态化服务指导，持续做，逐步改变，已是驻村扶贫的重要内容。西北大学党委常委、副校长、医学部主任常江多次指示，要关注关心群众健康，在健康扶贫上多做实事，细做、持续做，力求实效。

当下农村，老人、妇女和儿童为常住人群。在健康指导服务上，我们分类分层，采取日常与集中的方式进行。田间劳动不能替代锻炼。我有晨练的习惯，爱走路，我常给村里的老人说："要走起来，每走一步，你就想给儿女挣了一毛钱。"我还买了一套以养护身体为内容的书，把书上讲的相关知识和窍门方法，相对应如实地讲给老人们，主要是些简单易行不花钱的方法，比如针对高血压、心脏病，要控制盐的摄入，每人每天最多啤酒瓶盖抹平一盖子；高血压要按摩足三里和悬钟穴；心脏病要经常把双腋"小疙瘩"向外推；脾胃虚弱、消化不良，教大家敲脾经、胃经，调理脾胃。这些知识和方法也已成为我经常入户宣讲的内容之一。2018年编印《黄山村脱贫攻坚口袋书》小册子时，我将相关内容列入其中，每户一册，供大家查阅备用。

老年病、慢性病困扰着大家，村医身上的担子很重。为更好地服务指导，我们聘请有资质、有一定经验的村医，每月分上下两片为村里的群众量血压、测血糖，指导慢性病科学用药，宣讲日常保健常识，对于卧床不起、行动不便者，上门入户进行指导服务，服务于日常，让大家安心、舒心。每人都相应建立了健康指导服务表，记录前后变化，得到了老人和老人子女们的认可和赞誉。

群众希望每年有次简单体检，政府卫生部门有此安排。2017年，西北大学组织校医院内科、外科、皮肤科、妇科、耳鼻喉科等科室的骨干

医生来村义诊，目前义诊已坚持三年。三年来，主管校长、校医院院长亲自协调安排，亲自带队来村义诊。每次义诊，在村群众早早地有序排队，一一检查咨询，接受诊治指导。量血压，测血糖，做心电图，几乎人人过一遍，医生根据每个村民的病情，给出科学的治疗方案，配发相应药品，三年累计配发价值 3 万余元的药品。"不出村就能享受到省城医生的服务，还可以发这里买不到的好药，太好了，感谢西北大学。"这是常常听到的群众真心的话语。

2019 年，西北大学党委组织各二级党委开展结队帮扶工作，学校医学院党委组织西安市第一医院（西北大学附属第一医院）、第三医院（西北大学附属医院）专家、骨干医生深入黄山村义诊，两医院由专家院长带队亲诊。那天，全村在家的村民几乎都来了，各科诊疗咨询井然有序。义诊专家医生耐心细致，专门给一些老人写好医嘱，方便群众。这次义诊足足持续了三个多小时，医生们一直坚持到无群众才停歇下来。而随行专家在村支书马平娃的陪同下，又入户到卧床不起的患者家中，上门诊疗指导，群众深受感动。三年义诊，累计服务指导群众上千人次。

健康扶贫是通过提升医疗保障水平，采取疾病分类救治、提高医疗服务能力、加强公共卫生服务等措施，让群众特别是因病致贫的贫困人口能够看得上病，方便看病，看得起病，看得好病，防得住病，确保贫困群众健康有人管，患病有人治，治病能报销，大病有救助。"一人得大病，全家受拖累。"健康对于每个人、每个家庭都十分重要，尤其是对贫困户而言，疾病直接影响着他们脱贫的步伐与质量。

西北大学急群众之急，满足群众之所需，采取多种方式健康扶贫，彰显了西大人的为民情怀。义诊路上有苦有乐，但再多的辛苦，都是值得的。因为，我们是"西大人"。

农产品进西大

贫困户农产品销售不畅，销路不稳，滞销、卖难时有发生，直接影响群众再投入生产的积极性，制约产业良性发展，已成为产业脱贫的最大瓶颈和难题，亟待破解。

2019年1月，国务院办公厅印发的《关于深入开展消费扶贫，助力打赢脱贫攻坚战的指导意见》强调，要"坚持政府引导，社会参与，市场运作，创新机制，着力激发全社会参与消费扶贫的积极性"。可见，消费扶贫具有公益和市场双重属性，社会各界通过消费来自贫困地区和贫困户的产品，以全社会的消费需求来推动全国贫困地区的生产能力，为贫困地区的产品提供市场和销路，帮助贫困人口脱贫增收，这是社会力量参与脱贫攻坚的重要途径。在社会力量的帮助下，提高贫困地区的生产规模和产品质量，以适销对路的产品打开市场，从而实现供需良性循环，为贫困群众彻底脱贫提供长期稳定的强有力支撑。

西北大学在驻村帮扶工作中，始终把消费扶贫作为重要环节谋划落实，充分发挥师生消费群体优势。对内，满足师生对优质农产品的需求，保证师生的食品安全、身体健康；对脱贫攻坚工作，为贫困户脱贫增收开创途径。牵着产品销售这个"牛鼻子"，促进培育发展产业，促脱贫，保稳定脱贫，防返贫。贫困地区农产品生产所需的土肥气热菌俱全，具有良好的自然生态条件，化肥、农药施用量极低，甚至不用化

肥、农药，可以说是原生态。耕种基本保留着原始方式，效率较低，规模较小，所生产的农产品完全称得上绿色食品，安全营养。为什么效益低，或者说没有效益，一方面是仅为自足生产，没有规模，只有产品没有商品；另一方面主要是这样的绿色农产品在市场中没有获得应有的市场价值，销路不畅，加之劳动力缺乏、生产规模小、农产品市场供给不足，往往出现这种有产品无商品的尴尬。

  我们在消费扶贫中，坚持"搭建平台、市场选择、产销互动、定制发展、循序渐进"的原则。西北大学王书记、郭校长多次深入黄山村调研指导时反复强调："产业是脱贫的根本，消费扶贫助推产业发展，增收脱贫，要发挥学校消费群大的优势，要遵循市场法则，循序渐进，久久为功。"近年来，西北大学扶贫办联合后勤集团，开通贫困村优质农产品直通车，举办优质农产品展销和年货节，让贫困地区、贫困村户有限的优质产品直进学校展销，供师生选择购买，让师生品尝到久违而感动的味道。搭建供需见面平台，市场选择直供销售，无中间环节，供需双向受惠。三年来，共举办多场次展销直供，产品品种逐渐增多，销量直线上升。同时，开通网上直销，有一次仅五小时，网上直销35万多元。庞大的消费群体、强劲的需求，为贫困地区、贫困村户优质农产品的销售，及农业再生产提供了强大支撑。

黄山村林下散养的土鸡，在前两年的试验示范阶段，曾小量进校展销，只有极少数教师选择了购买品尝。但就是这一两次购买品尝，便有了反馈。一位老师说："这才是鸡的味道，土鸡的味道，儿时的味道。"后来他次次购买，给家人购买，还推荐朋友购买。我的大学同学贺秦彦品尝后，带着几个他的初中同学自驾车专程来黄山买鸡。他的初中同学又给自己的家人、朋友购买，一次购了40只。他们看了林下散养土鸡的现场后说："真是散养，货真价实，安全放心。"我的同事们也提前预订，学校还将黄山村散养的土鸡赠送给上海等地的西大知名校友品尝，扩大影响。

卖得出、销路畅、有效益成为生产者再投入生产的最大底气，生产者有信心扩大再生产。黄山村贫困户郭小红，第一年散养土鸡500只，第二年散养土鸡2000多只。他养的鸡羽毛光亮，鸡冠鲜红，雄赳赳气昂昂，平均单重七斤多，西北大学郭校长一行实地考察时给予了高度评价。郭校长在询问散养土鸡的收益情况时，郭小红不好意思地说："不多，大概1万多吧。"真不错，散养土鸡并没有耽误小红干农活打零工。黄山村散养土鸡，2019年已增至1万多只，生产规模逐年不断扩大，土鸡散养技术日臻成熟，这一产业方兴未艾，业已成为群众脱贫致富的主导产业之一。

核桃是黄山村传统的主导产业之一，现有260余亩。黄山村的核桃多年受春季低温霜冻和黑斑病困扰，产量不高。我们采取全程科管，统一技术，统一管理，2019年喜获丰收，干果产量近2万斤。农业往往是丰产不丰收，面对2019年的丰产，我们已在第6个全国扶贫日前组织黄山村参加西北大学举办的消费扶贫农产品直通车活动，黄山村核桃深受青睐，三场共直销2000多斤，高出市场价格15%～20%（以质定价）。

紧接着,我们又安排集中收购黄山村剩余的核桃,解群众之难,增加群众收入。又有30多位西北大学的老教授来到黄山村,他们品尝黄山村的核桃后赞不绝口,争相购买。直销、展销宣传了黄山村优质的农产品,科管、奖补促进了黄山村传统产业稳步发展,消费扶贫与产业相互促进,良性发展。主管扶贫工作的西北大学党委常委、副校长常江非常关心和支持消费扶贫与产业发展,2019年冬他冒着严寒再次来村调研指导时强调:"为了巩固扩大脱贫成效,进一步狠抓消费扶贫工作,谋划采取定制生产订单,供应直销,提升消费扶贫水平,优化消费扶贫模式,努力把黄山村打造成为西北大学师生的菜蛋肉供应基地。"

消费扶贫可为之事还有很多,我们将充分发挥校村两个优势,调动两个积极性,有序增加优质农副产品的供应种类,适度规模生产,继续推进"党支部+合作社+基地+贫困户"的产业发展模式,总结探索消费扶贫的途径方式,形成持续供应生态绿色农产品,不断完善优势互补的格局与机制。

五动工作法

脱贫攻坚已经到了啃"硬骨头"的决战决胜关键时期，各项脱贫政策已落实到位，但产业基础还比较薄弱，仍有贫困户"等靠要"思想严重，缺乏脱贫内生动力，实现稳定脱贫令人担忧。因此，加大产业帮扶、扶志扶智激发内生动力已是摆在脱贫攻坚一线工作者面前的重要课题，也是今后脱贫工作的着力点和落脚点。

扶贫工作中"输血"重要，"造血"更重要。扶贫先扶志，一定要把两者有机结合起来，既要送温暖、送政策，更要送志气、送信心、送技术，更要发展产业，共同致富。

扶志是个慢工，需要日积月累，下绣花功夫，一下子出不了效果；扶志是软性的，没有硬指标可以衡量，操作上缺少具体抓手。这些往往也成为扶志被实际忽视的重要原因。扶志扶智激发内生动力，重在把扶贫与扶志有机结合起来，明确细化到产业具体抓手上，既做贯穿于扶贫过程交心交流、启发教育的"隐功"，又做带动参与、事实教育的"显功"。"隐功"需慢而细，浸入过程，内化于心，"显功"需动且实，实践驱动，外化于行。

西北大学在 20 多年社会扶贫工作中，特别是在商州区大荆镇黄山村驻村扶贫中，采取"五动工作法"，激发脱贫内生动力，推动产业发展。"五动"就是真情感动、产业带动、资金融动、技术驱动、奖励促动。

真情感动就是通过经常性深入村民家中家访交谈，拉家常，知家事，解难事，讲政策。要像走亲戚一样反复去做，特别是家庭小事，即知即办，家中难事，即行即帮，用心走入群众心中，拉近和群众的距离。帮扶干部与贫困户成为"自家人"，使之心动、脑动、手动。

产业带动就是通过查找，补足现有产业短板，促使现有产业提级晋档，稳步持续发展；同时谋划示范培育新产业，吸纳贫困户参与进来，共同发展，探索产业带贫益贫机制，使户户有产业。

资金融动是将自有资金、小额贴息贷款资金、互助资金、帮扶资金，融合捆绑于产业项目，或独自生产经营，或参与集体产业，风险共担，利益共享，化解没钱干、怕风险不敢干的困局。

技术驱动是采取"请进来，走出去"的方法，通过技术培训、生产指导，促进学技术、用技术，提高产业技术含量，突破产业发展中的技术瓶颈。

奖励促动是建立产业发展奖励机制，让产业实干者、参与者获得物质精神双激励。

贫困户有些懒于做事，有些怕担风险不敢做事，有些没有启动资金不好做事。对此，我们将扶贫中的基础设施、公共卫生、集体经济等项目的劳务，全部安排给贫困户中有劳动能力者，让他们就近务工，增加劳务收入；相继成立三个合作社，采用"党建＋合作社＋贫困户"产业脱贫，流转土地发展林果、林下散养殖，带动贫困户发展产业；采用"集体经济＋贫困户"脱贫模式，带动贫困户发展林果、药材产业，贫困户从劳务、土地租金和分红三方面受益；同时，直接在资金、技术、销售上帮扶贫困户发展猪、羊、牛、鸡等养殖业；针对留村村民大多年老体弱的现状，采用联户联营方式，5户一个小组，小集体集中发展产业，工作队扶持，互助资金协会借款，小组独立经营，集体受益。创造劳务机会，在村务工，融入产业项目，事绑人，项目带动，多重受益，达到户户有产业。将自有资金、帮扶资金、互助资金、小额贷款等融合分解到项目之中，采取奖励办法，干就奖，多干多奖，干好重奖，使帮扶资金围着事转，发挥撬动、"发酵粉"式的激励作用。同时，深入项目中，持续推进技术培训、田间技术指导、全程科管，采用"做给你看，带着你干"，"在干中学，在学中干"方法帮扶，扶持培育产业，带动实现稳定脱贫。现在，人人有事干，户户有产业，全村都动起来了，村上也没有了闲人。村民个个精神抖擞，面貌焕然一新。

发展产业、扶志扶智是扶贫啃"硬骨头"的阶段，是促脱贫、防返贫，实现稳定脱贫的关键。大包大揽，必养懒汉。"五动工作法"激发脱贫内生动力，达到用心感动、用事撬动、用利驱动、用奖促动，注入动能，理清思路，激发人人干事创业、勤劳致富的内动力，从而达到从"要我脱贫致富"到"我要脱贫致富"的本质转变，实现稳定脱贫、同迈小康路。

"五动工作法"源于脱贫攻坚工作实践，具有较强的实用性、实效性和可操作性。西北大学驻村帮扶黄山村近六年来，黄山村贫困发生率已由 47.4% 降至 2.02%。

五届重阳节

目前，几乎所有农村的常住人口绝大多数都是老人，他们经历过艰难岁月，吃苦耐劳、勤俭节约是他们的生活底色。如今，虽是儿孙满堂，但儿孙多数在外务工或就学，身边无所依靠；虽然年迈体弱，但依然自食其力，劳作不息，真是生命不息奋斗不止。"干活，活动筋骨，消化消化，不给儿女添麻烦。"他们常常说的平淡话语，充满着坚强与无奈。

驻村帮扶主体对象之一就是这些老人，除了精准落实相应的脱贫政策外，给予人文关怀，相互交流，使他们心情舒畅，甚为重要。我们在黄山村帮扶之初，就制定了"予老关爱送健康，予少助学促成才，予中青技术助产业"的工作思路。在关爱老人方面，我们常走访入户，陪老人聊天解闷，帮他们舒缓心情、排解孤独；我们聘医生每月为老人诊疗，进行健康指导。2015年，大家商议由西北大学出资举办第一届重阳节活动，活动参与对象是查询到的全村所有老人，活动方案设计有对弈聚餐、赠送礼品、免费理发、剪指甲和老人秦腔清唱等。赠送什么纪念品成为大家议论的焦点，男男女女年龄不一，众口难调，要尽量让老人满意高兴，纪念品得实用。讨论中，时任西北大学驻村第一书记姚天保提议："我看赠送护腰带和护膝。年龄大了腰都不是很好，冬天寒冷潮湿，而且老人们经常劳作，综合考虑，赠送每位老人一套护腰护膝，实

用耐用。"大家拍手叫好。我又建议把烩菜做成两种,一种是素的,一种是荤的,由老人自己选择,满足不同老人的习惯需求。

就这样,黄山村首届重阳节在村委会门前隆重举行。老人齐聚,或对弈,或玩扑克,厨师和几个妇女在院子角落处切菜、煮肉……锅底炭火雄雄。村干部和几个青年帮忙烧水沏茶,请来理发师免费理发,老人排队等待。院子里老人们相互问候,围坐一起闲叙,欢声笑语,其乐融融。不一会儿,四个素拌凉菜和两盆热气腾腾的荤素大烩菜上桌。用餐毕,按组依据已核定的名单向老人发放护腰护膝纪念品,老人们领了纪念品,高高兴兴返回,对于几位行动不便的老人,我们安排车送他们回家。马志文老两口握着我的手说:"谢谢你,谢谢西北大学,真没想到,太好了。"当天有村民将重阳节活动发到朋友圈,在外的黄山人纷纷赞不绝口。

百善孝为先。孝是中华民族的传统美德,也是中华传统文化的根基。为老人办一件实事,得到老人和老人儿女的广泛赞誉,这就是最大的褒奖,是继续为群众办好事实事的根本动力。人人都会老,家家有老人。重阳节活动在黄山村乃至周边村产生很大震动,人人交口称赞。有次,我返回西安,当拼座的车途经小韩峪村接人等候时,几个老人问司机我是谁,"这是西北大学驻黄山村的老陈"。老人竖起大拇指:"你在黄山村干得好,把老人照顾得好。"听得我心里热乎乎的,这是影响,是口碑,是继续努力的动力。

在后面连续四届重阳节活动中,我们保留了聚餐、茶叙、理发等项目,在纪念品的选择上,虽然难度较大,无法让每位老人都称心,但我们都以最大的诚心来尽力满足老人。纪念品届届不同,第二届是床上四件套,第三届是陕北小米,第四届是剃须刀和围巾,第五届是电热毯。第四届活动中,黄山村驻村工作队另一帮扶单位区水产站的郭腊伟站长,还请来秦腔自乐班,助兴演出了《二进宫》《祝福》等一折折秦腔经典剧目。秦腔字正腔圆,浑厚苍劲,村上几个秦腔爱好者也争相上台清唱起来……"好!好……"叫好声一片,掌声雷动,把重阳节活动推向高潮。

"老陈,美得很,办得越来越好了!明年还办吗?没几年活头了,去年到今年咱村已经过世十一位了,真是让人心痛呀。"一位老人动情

地说道。

己亥年重阳节越来越近,但秋雨绵绵,让人担心。"正日子举行,正常筹备。"马支书坚定地说。各组积极准备,重阳节前一天下午,依然细雨蒙蒙,厨师和几个帮厨在细雨中紧张准备着,我给大家开玩笑说,西大办活动,次次都是吉人天相,明天天气没问题。"老陈你就吹吧。"大家嘻嘻哈哈说着笑着,但忙碌的脚步没有停止。

我说"西大吉人天相,明天没问题",也是自我打气。我是个"举轻若重"的人,重阳节前一天晚上辗转反侧,久久不能入睡,担心第二天的天气。次日清晨起床一看,没下雨,多云,真是谢天谢地。厨师和帮忙的早早便各就各位忙碌起来,早饭是胡辣汤和蒸馍,帮忙的、路途较远的几个老人一起吃早饭。"黄山老人有福,老天有眼啊!"几个老人边吃边说。饭后大家开始布置会场,接喇叭,抬桌子,烧开水,分组核计老人名单,同时还要举行年度先进表彰大会,证书奖品都一一核对分类……紧张忙碌,最紧张忙碌的要算厨师和帮厨的了。

天公作美,一切如愿,一切顺利。看着老人们满脸笑容满意离去,我心里十分踏实。"老陈明年还办不?"许多老人都在问这一问题。"明年外甥打灯笼——照舅(旧),开心地好好活。"我笑道。

"老吾老以及人之老。"在黄山村八年,不是黄山人,胜似黄山人。我视村里的老人为自己的老人,能为他们办点实事让他们开心,我非常乐意。

积德虽无人见,行善自有天知。人为善,福虽未至,祸已远离。

"年年重阳,今日又重阳。"愿老人福寿康宁,年年重阳。

扶志扶智

党的十九大以来,习近平总书记多次就发挥榜样的力量作出重要讲述,也曾强调,伟大的时代呼唤伟大精神,崇高事业需要榜样引领。在脱贫攻坚的伟大斗争中,习总书记强调扶贫先扶志,扶贫必扶智。扶志就是扶思想,扶观念,扶信心;扶智就是扶知识,扶技术,扶思路。如果不扶志,扶贫的目的就难以达到;如果不扶智,就会知识匮乏,技能不足,身无长物,甚至造成贫困代际传递。要从根本上摆脱贫困,必须智随志走,志以智强,实施"志智双扶"。

扶志扶智必须有个载体,体现在具体的事中,要用合乎情理、喜闻乐见的方式进行,而不是空洞的说教,空洞的说教收效甚微,甚至会适得其反。扶志扶智需要重点解决"等靠要"拿来主义思想,不想干的懒惰思想,干什么、不会干的迷茫状态。对此我们采取"中医疗法"辨证施治,综合施策。中医讲究望闻问切,我是坚持入户走访,做到知家事,知难事,知需求,做群众的自己人,增进了解与友情。群众绝大多数比较忠厚,他们是有感情的,他们的眼睛雪亮,心里有杆秤。

贫困户周五善家中只有父子两人,他们都在西安打零工。儿子也老大不小了,五善心里最忧愁两件事,一是自己日渐年老,打不了几天工了;二是儿子日渐年长,尚未娶妻,而且一直打零工,没有稳定工作。娶妻之难,始终如鲠在喉,难以言表。2018年,当朋友告诉我西安比亚迪公司招聘员工时，我第一时间告知五善，提供了具体的招工信息。五善的儿子顺利通过了招聘，成为一名比亚迪的员工，不再三天打鱼两天晒网打零工了。加入正规公司，受正规管理，也在工作实践中学到相关技术，成为一名名副其实的产业工人。据了解，五善的儿子在公司工作踏实认真，进步较大，已交流到南京分公司。这样，解决过去飘移不定"游击队"状况，也为解决个人问题奠定好基础。

石头家经济困难，他身体不好，母亲年迈，妻子一人在外做保洁员，儿子郭星还在读大学。我经常家访，告诉他先照顾好自己的身体，身体健康，对于家庭来说就是帮大忙。我鼓励石头做些力所能及的事，后来他开始跑三轮接送人。穷人家孩子早当家，石头的儿子郭星大学四年寒暑假一直坚持打工，我与他交谈，鼓励他刻苦学习，努力务工，减轻家庭负担。2018年石头住院，儿子郭星陪伴左右，他对父亲说："我已经长大了，你照顾好自己，其他有我呢！"郭星知道感恩，懂得自己肩上的责任，是个好孩子。现在他已毕业就业。

一个贫困的家庭，只要有一个明白人，能承担家庭责任，努力工作，勤劳致富，这个家庭的生活就没有问题。对于村里六七十岁的老人，我们尽量提供他们力所能及的劳务机会，帮他们增加收入，每年他们就近劳务的收入在六七千元以上。在外务工者中年龄稍大，且无技能的，我们鼓励他们在家栽经济林木、药材，做到两不误，十多个人已这样办到了。观念转变了，思想通了，把"让你干"变成"我要干"，这就是成效，志智双扶就能在具体事项中落地落实。我们因事因人协调解决困难，补足短板。短板主要是资金和技术，资金方面，通过小额贴息贷款，互助资金借款，自有资金和帮扶资金、奖励资金融合发力；技术方面，通过技术培训、馈送技术资料，逐步提高产业技能，培育发展特色产业。

扶志扶智不是空洞说教，不是朝为夕成，而是用情、用心、用力、水滴石穿的持久过程，仅靠几场活动，收效甚微。脱贫攻坚几年间，黄山村最令人欣喜的变化就是全村人都动起来了，或务工，或种养，之前常见的聚在一起喝酒打牌的少之又少，偶尔被撞见，也是满脸不好意思。这种变化是悄悄发生的，是发自内心而非命令式的。

孩子是家庭的未来和希望，我们坚持资助各级各类学生，树立鲜明正确导向。五年间，黄山村走出51名大中专学生，他们成为每个家庭的骄傲，日子有了奔头。孩子也成为每位家长转变观念，更加勤劳的根本动力。

三组周校利两个女儿一个儿子相继考上大学，他们两口子一年到头忙碌不停，尽管辛苦，心里乐滋滋的。二组李志盈两口栽种了30多亩绿化苗木，抽空务工，辛苦勤劳的动力是供两个儿子读书，全家幸福美满。今天的苦，换来未来的美好生活。"人都是为子女打工的，只要孩子个个有出息，苦点累点都是应该的，都有劲儿，心里也是甜的。"志盈常常对我说。

我们还举办了两届黄山村民春节大联欢活动，目的在于搭建一个相互交流信息、增进友谊、记住乡愁的平台，寓教于乐，共谋发展。每年我们也举办各类先进典型表彰奖励大会，类别涉及好媳妇、好公婆、产业发展、公益岗位、优秀学生、老骥伏枥、最佳务工、优秀返乡创业青年、脱贫光荣户等，宣传身边的先进典型事例，引导教育。这些先进典型，生动鲜活，就在身边，知根知底，对全体村民触动很大。受表彰者获得荣誉，倍加珍惜，倍加努力。每次表彰会披红戴花，颁发荣誉证书和奖品，隆重热烈，教育示范引领作用甚大。

扶志扶智是做隐功，一朝一夕无法显示成效，需要坚持而为，一旦能转变，则是持久的、根本性的。先进典型在前面引领，能带动大家共同走上勤劳致富的坦途。只有生长在现实生活中，有着坚实和深厚的群众基础的先进典型，才是有血有肉的榜样，才具有极大的感染力、号召力，才能强烈地影响其他村民，其作用必然是"点亮一盏灯，照亮周围一大片"。

西大老教授

"小陈,你的事迹很感人,真不容易,你看我或者咱学校老科协能帮忙做点啥事?"这是在西北大学举行的 2018 年陕西好人发布交流活动现场,地质系滕志宏教授与我交流时说的话。"谢谢滕教授,容我考虑一下再向您汇报。"此后某日,在长安校园偶遇已退休多年的老领导杨春德校长,他见面就说:"小陈,干得不错,滕老师说他和你沟通过,建议老科协老教授专家为脱贫做点事,但不能添乱,你们再仔细商量一个具体方案,定下了就干。"杨校长这番话让我又想起这件事来。

因为黄山村与全区一起脱贫摘帽,工作繁巨,我原本计划在暑假期间落实和滕教授的约定,但整个暑假校党委安排各二级的党委结对帮扶,无暇顾及。九月底又见到滕教授,我提出自己的一些想法,建议供老科协研究决定,活动内容主要涉及参访了解西北大学在黄山村脱贫攻坚的情况,发挥老教授专业特长,为大荆中学学生讲讲地球物理知识,让学生们认识地球、保护地球,结合"不忘初心,牢记使命"主题教育对大荆镇村干部进行培训交流,以及自愿采购黄山村核桃等农副产品,等等。滕教授立即表示:"这些想法好,也具体,我向理事会汇报一下再通知你。"

"小陈,理事会研究后同意你的建议,每个理事自购 5 斤核桃,2~3

斤豆腐,在村里安排一顿家常便饭,所有费用由我们全部承担,不要给你们添任何麻烦和负担。""我负责协调安排好,你们路上注意安全,就这么定了。"我和滕教授在电话中确定了此事。

当天老科协全体理事约40人乘着车向黄山村进发。一路上我和另一驻村队员闵旭峰带路,帮着疏导交通。因车体较大,黄山村马支书组织安排清洁员锯除沿路树枝,方便行驶。车辆走走停停,最后在四组路口停下,大家步行到村委会。老教授中有分管扶贫工作长达十年的杨副校长,有我的老领导宋迪生、王慧珍夫妇,有校工会原主席刘续德,有我的老师周树志教授……真是岁月不饶人,有几位理事行动稍缓慢,但大家精神饱满,兴致勃勃,边走边领略黄山村的秋季风光,听取沿路贫困户家庭情况、帮扶措施和脱贫后生活状况介绍。

午饭后大家同坐在村委院中,我简要介绍了脱贫攻坚政策,重点汇报了西北大学多年来在黄山村的基础设施、教育、产业发展、扶志扶智、公益事业等五个方面具体的帮扶措施。大家认为西北大学帮扶措施硬实,成效显著,为学校点赞。杨春德校长说:"咱西大几十年来,一直扶真贫、真扶贫,作风扎实,成效显著,一直走在省级包扶单位前列,伟星同志坚守一线二十多年,难能可贵。""我们抓教育和产业两个重点抓到点子上了,抓到根本上了,既顾当前,更利长远,应该坚持下去。"刘续德主席说道。其他教授们也对脱贫攻坚、乡村振兴发表了自己的观点,鼓励我坚持到底。

在我们座谈交流时,滕志宏教授、周树志教授已到大荆镇培训去了。滕教授以"认识和保护地球——以秦岭为例"为题,为大荆中学1500多名师生进行科普培训。周树志教授则为大荆镇全体干部做了关于"不忘初心,牢记使命"专题辅导讲座。三组开运的儿子李顺很快给我发来几张滕教授授课的现场照片,"讲得非常好,超赞"。村干部也发来周教授辅导现场的照片,"就是不一样"。

在准备老教授们所需的核桃、豆腐时，户主郭焕章和老伴又重新仔细地挑选了一遍核桃，过小或有黑皮的被他们一一剔除。"挑好的，不能给西大丢人，也不能给你老陈丢人。"郭焕章边捡边说，着实令我感动。这朴素的话中，凝结着黄山百姓对西北大学的那份真情。

解难题的周书记

听说大荆镇来了一位新书记。在大荆镇脱贫攻坚推进会上，我第一次见到这位年轻的党委书记周涛。会后在镇政府门口再次相遇，我俩是第一次直面相见。"老陈，你看今天这样安排推进咋样？""不是恭维，思路清晰，重点突出，目标明确，在推进落实工作中抓干部作风建设好，好得很，需要锲而不舍。""过奖，有空我去黄山看望你。"简短数语，我们便就此分手，各自忙去了。此后不久，天下着雨，我独自在办公室整理材料，周书记和玉琪镇长来了。"我们来看望你，山区条件艰苦，你多保重啊！"我们一起简单聊了会儿工作。这时村副支书王志盈来了。周书记问："你们村支书呢？"王志盈回答："支书去城里办互助资金上一些事情。""你回来转告马支书，离开村办事，必须给我说一下，我要掌握去向，我离开大荆镇，也必须向区委书记报告，下不为例。"其他村干部相继到场，个个点头允诺。周书记在以实际行动推进脱贫工作，加强干部作风建设，严肃务实。

周书记临走时对我说："老陈，你有啥困难就告诉我，我来尽力想办法解决。"这句话一直在我的脑海浮现。我在农村工作几十年，困难尽力自己努力克服，不愿老给领导们添麻烦。但考虑再三后，需要领导协调解决工作，于是重大难事也会直面陈述，请领导协调解决。记得在2019年陕西省委办公厅驻村扶贫团第二次联席会上，我反映村级干部在脱贫攻坚中主动作为不够,主要原因是村干部微薄的工资每月只发20％,其余80％在年终考核,不利于发挥干部的工作积极性,请区委政府协调妥善解决。会后一周问题即得到彻底解决,组织部还给出了书面答复意见。

脱贫攻坚进入全面冲刺阶段,全面入户排查"两不愁三保障"存在的突出短板弱项,精准落实脱贫政策和帮扶措施,全面补足短板、强化弱项,确保"两不愁三保障"完全达标,顺利脱贫。其中,安全住房是三保障硬指标之一,黄山村四支队伍在排查研判中发现,一组王秀余、三组郭熊、四组李驴的住房存在安全隐患,而且王秀余、郭熊两户强调要求纳入易地扶贫搬迁之列。从政策上讲,易地扶贫搬迁已经封口,不可能列入,要新增列入,须经区脱贫领导小组批准方可。为此,无奈之下我联系周书记,据实陈述情由,提出诉求,请求协调解决。

三天后,周书记陪同区人大常委会副主任、区工会主席闵克宁到黄山村检查指导,座谈时,我郑重地再次提出两户住房的问题。"这件事我知道,我也给住房局、攻坚办协商了这两户的住房问题,此事我来协商解决,你们还有啥困难?西北大学在黄山村倾情全力帮扶,做了很多实事好事,我们深受感动,也深受教育。作为镇主要负责人,就是要及时协调解决村里的重大困难问题,这是我们的责任。"周书记一席话,令人感动,令我由衷敬佩。他是一个称职的好领导,重在解难题,办实事,敢担当,善作为。

后来得知,为了解决黄山村两户贫困户易地扶贫搬迁安置房,周书记也是多次与区有关领导反复沟通协调,费了九牛二虎之力,终于解决。四组李驴的现住房存在一定的安全隐患,但他本人无改造搬迁意愿,我和镇包村干部王海军及村干部八次登门协商解决,李驴仍无动于衷,给我的工作带来很大压力。周书记为此先后三次到黄山村协调研究，最后决定由西北大学出资，在黄山村原小学收拾出三间房，作为安全公益安置房，由李驴及五保户王过芳等三户居住。至此，经第三方评估鉴定，贫困户安全住房全部达标。

周书记不是照顾黄山村，对其他村亦如是。据其他村的干部说，来大荆镇短短几个月里，周书记跑遍全镇 22 个村，不是一遍，而是三五遍，检查指导，切实解决短板困难问题，推进工作向实向细，对不守纪律，不担当不作为的干部严肃批评追责。他在多次会议上讲干部使命担当，着力转变干部作风，抓村支书这个关键少数，夯实责任，采取明察暗访、排名奖励等多举措，务实推进各项工作。

记得在一次会议上，他提出全镇干部要向西北大学、区工会等单位驻村年龄大的老同志学习，学习这些同志能静下心、扑下身、坚守一线，勤勤恳恳的工作作风。同时，他也批评有些村干部、第一书记，华而不实，三天打鱼两天晒网。周书记在大荆镇工作半年多，全镇干部的工作纪律和工作作风有了根本性好转，大家打心眼里佩服他，也称他为"工作狂"。周书记 30 多岁，精力充沛，有较丰富的机关和基层工作经验，事事处处以身作则，打铁自身硬，求真务实，真是一位党的好干部。

他一方面严肃要求干部认真工作，一方面也不忘关心干部的身心健康。在迎省考的关键时期，他到黄山村反复叮嘱我注意身体，多休息，工作上只要多指导，也催促我回去检查诊疗，令人感动。10 月 3 日我到村工作，连续 28 天，后来我发现自己行走不稳，于是告病请假住院诊治。事后回想，如果当初听了周书记的意见，或许不会这样。

"政治路线确定之后，干部就是决定因素。"毛主席这个著名论断，从坚持和加强党的领导出发，把培养干部的问题提高到战略高度。脱贫攻坚是举全党全国之力，在党的领导下，与千年绝对贫困斗争的伟大壮举，是第一民生工程。目标明确、标准清晰、时间限定，能否取得最后胜利，让群众满意，核心在于精进落实再落实。工作落实关键在于干部，在于一支有担当、工作务实的干部队伍。周书记抓干部抓到了关键，抓作风抓住了核心，他严格要求自我，以身作则，率先垂范，经常深入实际，知难题解难题，有力推动工作高质量完成，赢得上上下下一致赞誉。

环境卫生整治

"黎明即起,洒扫庭院"是先辈们代代传下来的每日必修课。环境清洁是乡村振兴中的关键目标之一,已在脱贫攻坚时期开始切入。环境是一个地方的脸面,一乡一村,一家一户,如果环境脏乱差,不要说与现代文明接轨,可以说连传统都没有继承发扬好。

不可否认,城乡环境卫生、生活方便程度存在较大差距。50多年来,我更多的时光是在农村度过的,农村民风淳朴,空气清新,果菜食物安全,就是环境卫生脏乱,交通不便,生活条件有局限性。2017年开始,农村环境卫生综合整治,各级政府高度重视,选择众多贫困户家庭的适龄劳动力,安排清洁公益岗位,划分责任片区,负责清洁。黄山村已有5个清洁公益岗位,每人每月500元,年收入6000元,贫困户高兴不已,争相应聘。每个村设置有固定垃圾箱,专车专人负责清运,全村主干路、河道基本保持清洁,村民也有意识地把家中的垃圾投放垃圾箱,但与彻底清除房前屋后"三堆六乱"、家中整洁的要求,还有不少差距。

环境卫生整治,尽管不是驻村帮扶的主要职责,但相关度较大,一荣俱荣,一损俱损,仍然需要积极配合极力推进。我们首先抓好清洁员职责教育、制度建设、监督落实。引导教育清洁员珍惜来之不易的公益岗位,按时认真清扫,保持责任区清洁干净。对此,我也是亲自讲,亲自监督。通过近一年的引导，清洁员由开始的被动不适应，到现在主动而为。我们设立了奖励措施，通过评比，对优秀者给予适当奖励，鼓励支持他们履职尽责。为了推进环境整治走向深入，在整治之初，就进行过一次全村性大规模综合整治，聘请老村支书王建林亲自抓。他有群众基础，抓工作力度大，措施方法适应农村实际，同时我们还组织了部分贫困户在家劳动力共同参与。第一次整治取得了显著成效，得到群众好评，还在大荆镇评比中荣获第一名。在大荆镇动员表彰大会上，马平娃支书上台领取了"环境卫生第一名流动红旗"。这次集中整治行动，对干部群众触动较大，加深了人们对环境卫生整治的认识。马支书此后多次亲自动员，安排抓好环境卫生整治，维护来之不易的荣誉。

环境卫生整治是一个改变生活习惯的过程，需要持力推进，久久为功。为从制度公约上引导教育，我先后起草了《黄山村环境清洁员管理办法》《环境卫生村民十公约》，《公约》散发各户。我还设计制作了32个环境卫生宣传板，张贴于全村各组主要交通要道口，力求加大宣传，引起共鸣，形成工作合力，逐步改变旧习惯，使环境卫生持续向好推进。经过多举措推动，清洁员履职的自觉性也已形成，能按时清扫，户环境卫生日渐好转。两年多来，在区级检查评比中，黄山村的优异成绩得到肯定。

"老袁，路上不脏，你还坚持清扫，辛苦了。""习惯了，费不了个啥，挣这钱，就要弄好。"老袁淡淡一语，足以说明清洁工在认识上有了根本性的转变。三组小郭负责的区域树木较多，秋风一刮，处处是落叶，一天不停地扫也扫不干净，但是秋季总能看到小郭的父母、妻子齐上阵，他们一边扫，一边装袋清运，努力保持责任区域清洁干净，真是难能可贵，体现了高度的责任心。

我们及时要求群众将房前的柴草、沙石等或转移，或停放整齐。有的建筑施工者能主动清扫建筑垃圾；秋收时，大多数群众也都能及时清理。当然，也有个别户意识不强，行动迟缓，仍需下一番功夫推进。

在商洛市组织的一次座谈会上，我曾说主干路面清洁易显成效，但多数仍是垃圾搬家，需要深化，建议以村组为单位，将畜禽粪便、落叶杂草、秸秆集中就地进行灭菌无害化处理，自制生物有机肥，变粪为宝，有机肥还田，改良土壤，提高农产品质量，降低生产成本，增加收入。并简要了介绍我们在黄山村的试行做法与成效，引起与会者的关注与浓厚兴趣。随着乡村振兴推动实施，环境卫生综合整治，必然需要着力推进垃圾无害化处理，走循环可持续发展之路。

环境卫生整治中，我们又探索实施"两绿"方案：一绿是发展庭院经济，提供蔬菜种子，在房前屋旁种植丝瓜、豇豆等，方便自采自食，绿化美化庭院；一绿是在主干道两侧集体种植花卉，明晰边界保安全，绿化美化环境，营造美丽生活氛围。"两绿"工作目前仅处于起步阶段，仍需要大力引导、帮助和支持。三堆六乱清除消退，蔬菜绿化跟进，彼消此长，逐步推进，综合施策，推动环境卫生整治取得令群众满意的成效，让乡村更美，让群众身心更健康。

"房前屋后，种瓜点豆"是农户祖祖辈辈形成的一种生产生活方式，最大的好处是利用零碎空间时间，就近解决自给自足的生活需求。因常驻村人口减少，庭院闲置，只要引导推动，自然会动起来，绿起来。如果脱离现实，与传统完全切割，不顾农民的生产生活方式，强推一些"高大上"的做法，农民对此反感抵触，可能会适得其反。

人居环境整治要尊重传统，在方便群众生产生活的基础上，引导改进，切莫有"脱离实际的城市思维，追求极致的仙境思维，过重形象的政绩思维，整齐划一的军事思维"。要始终坚持尊重农民意愿，方便农民生产生活，健康农民身心，让农民真切感受到方便、干净、舒适、优美、健康，才是可行之道，才是终极目标。

农民"四难"

2017年国庆假期最后一天,商州区委书记张盈安一行深入黄山村检查指导,随机入户走访,调研脱贫攻坚的工作实绩、存在问题,与贫困户面对面座谈交流,了解贫困户生产生活状况、家庭困难与需求。在入户与一贫困户座谈交流时,该贫困户表示,自己最大的心病是两个儿子还没娶妻。我在旁边听着,不由叹了口气。

娶妻之难已成为农村很多家长的心病,成为他们最头疼的大事。几乎每个村都有一二十个大龄青年未"脱单",本村的女孩外出务工也外嫁了。在过去生活困难时期,黄山村很多村民都在本村内异姓间嫁娶,这才有如黄山村三组人称的"亲家沟"。那时封建闭塞,可以说都是"父母之命,媒妁之言",也没有过高的彩礼等物质诉求。现在彩礼一般在10万左右,关键是女方还有对房、车的要求,有些甚至提出房要在西安或商洛市区,这已是农村一般家庭无法承受之重,故而久拖不能如愿。

多数农村男青年初中毕业就外出打工,无一技之长,大多数靠出卖体力挣钱,城市生活开销本来就大,有的人养成大手大脚的习惯,每月工资所余无几,有的甚至还要家里贴补。因此个人婚事开销,大都由父母承担。有些男青年早已习惯城市生活,不愿回家,但又没有练就支撑自己继续在城市生活的本领。

农民挣钱途径少,不稳定,不持续,挣钱之难成为农民第二难。黄山村已有几位青年返乡创业，搞起养殖种植，尽管辛苦，但心里踏实，前景光明。2019年，有多个在外务工的中年人也开始谋算在老家发展产业，相继有好几个人来找我聊，想请我参谋帮他们发展一个好产业。这说明什么？说明他们在城市里打工赚钱也不容易了。

一家不知一家难，家家锅底都是黑的。外出务工或做生意的要维持生计，得不停忙碌，家里的老人无暇顾及。偶尔回家看看老人，就称得上孝顺了，但也是来去匆匆。父母在家独自艰难生活。近年来，黄山村的老人以每年约10人的速度离世，让人唏嘘。健在的老人生活起居之苦、养老之难已成为严峻的现实问题。传承孝道，依法履行赡养义务，刻不容缓；建立健全农村养老体制机制，迫在眉睫。好在国家有相关养老、高龄、医疗政策，老人们可以享受，但就是缺少照顾与情感关怀。

农村常住人口较少，多数是老人，他们重情重义，特别注重门户礼节，但近年礼金不断加码，他们压力不小。乡亲间婚丧婚娶，互相表达一份心意本无可厚非，但现实中则名目繁多，在婚丧嫁娶之外，诸如考上大学、过寿、满月、买车、建房，甚至买辆摩托车都要摆酒席。行情之多，礼钱之大，令人咋舌。礼钱逐渐成为村民的重要支出，大家不堪重负，却不得不参与。据我观察，近几年乡亲的行情礼金，由30~50元涨到100元，2018年几乎全成了100元。在一个葬礼上，一个贫困户手揣摩着口袋，早早围站在礼桌前，就是迟迟不交礼金，他一直在看其他人给了多少。事后我问起他，他说："乡里乡亲的，遇到丧事不去使不得，多了拿不起，太少了拿不出手，让人笑话。"

当下，农民普遍有娶妻之难、挣钱之难、养老之难、行情之难"四难"。要破解这些难，关键在于勤奋努力，学一技之长，勤苦多挣，理性消费，当省不用，当用不省，勤俭持家；在于重塑孝道，用道德、民俗、法律，多举措规范调整公民的行为，让其履行赡养义务，促进家庭、社会和谐，同时建立健全养老保障政策体系，推进养老社会事业发展，让老人老有所依、老有所乐，健康快乐度过余生；在于用公约、法规调整规范婚嫁礼金，互相约束，规范农村的行情行为，既尊重传统风俗礼尚往来，又不至于加重负担，成为生活之累。

相信，这"四难"在全社会的共同努力下，随着全民道德重塑，法治社会建设不断推进，产业不断兴旺，乡村整理更趋有效，一定会得到合理有效的解决。广大农民朋友也一定会在小康路上阔步前行，过上更加美好的生活。

扶贫路上西大人

扶贫路上我并不孤单,因为我的背后有西北大学,有广大师生的鼓励支持。脱贫路上,留着西大人无数双坚定的脚印。

西北大学党委书记王亚杰时刻关注关心脱贫工作,多次带领班子成员深入黄山村脱贫一线调研指导,鼓励驻村干部坚守脱贫一线,心系群众,扎扎实实为群众办实事、解难事,时刻体现西大人的使命担当。2017年5月,王书记一行深入黄山村调研指导,在听取西北大学二十多年的扶贫历程,特别是黄山村驻村脱贫攻坚工作汇报后,感慨道:"服务社会是西北大学的重要任务,取得了干部群众赞誉的骄人佳绩,彰显了西北大学的责任担当。"他要求我们发挥学校的科教优势,在激发贫困户内生动力上多想办法,多下功夫,工作上再落实落细。既是鼓励,又是鞭策,既有要求,又有方向。

"老人家,身体可好?养老金能按时领到吗?家里种了几亩地?收成咋样?……"王书记紧紧握着郭树仁老人粗大的双手,询问攀谈起来。"身体还行,种了六七亩地,屋里人多,还养了两头牛。"大荆镇党委王书记插话道:"养老金、农合疗、高龄补贴等都是按时足额发放的。"王亚杰书记放心地笑了。离开郭老家,他们一行又步行至养猪专业户郭印川家。五月天中午时分,已经很热了,穿得厚的,已是满头汗水。

还未到印川家,远远就闻到猪粪的刺鼻臭味。猪圈旁有一些污水,

踩着砖块、石头才能过去。王书记一行踩着砖块、石头，察看圈里养的十多头猪。"养猪辛苦，价格不稳，但只要坚持就能赚到钱。我养了十多年，有母猪，自繁自育，还可以，多少都能挣点。"老党员印川与王书记深入交流着。王书记说："山区农村适合养殖，农户生产规模不能大，一定要做好防疫，猪粪要集中无害化处理，还要搞好环境卫生，减少人的疾病。"之后，一行人又来到三组看望小红、焕荣的养殖情况。返回临行前，王书记把我和学校后勤集团的胡长才、李晓芳、张明龙几个叫到车旁，叮嘱说："这里养殖户较多，要多操心，创造条件，同等条件下，采购直供学校师生食堂。特别是市场价格低的时候，要解决群众卖难、贱卖问题，保护养殖的积极性和群众利益，增加贫困户收入。"正因这样，才有黄山村生猪肉直供西北大学的事情，这就是后来倡导推进的"消费扶贫"。

在首轮干部结对帮扶中，王亚杰书记负责联系包扶一组贫困户袁焕祥。王书记在老袁屋前与老袁交流起来，当接过老袁递来的一根纸烟时，王书记对在场的人说："这支烟是群众的心意，接过这支烟，缩短了与群众间的距离，增进了与群众的感情。"他说完，径直走进老袁屋里。屋内阴暗潮湿，灶烟已将墙壁熏得黑乎乎的，吃的、用的、农具、灶具陈放满屋，王书记掀开锅看看吃的，提提面袋、油桶，突然问："这房漏雨不？安全不？""老袁是易地扶贫搬迁户，在西荆镇集中安置，分到一百多平方米的房子，这房在搬迁入住后就拆了。"我汇报着。王书记点了点头，又叮嘱老袁："天慢慢冷了，要注意保暖啊！"

屋子狭小，无法容纳更多人，大荆镇的工作人员便站在院子里向大家讲解安全住房相关的脱贫政策。通过讲解，大家对脱贫政策有了更多了解。"这个好啊！交1万元分一套房，安全住房有保障了。"2019年老袁已装修入住安置房，旧宅完成拆除，腾退复垦。黄山村像老袁这样的易地扶贫搬迁户共80户333人，每人补贴2.5万元，一共享受国家资金800多万元。"国家对农民确实太好了！"这是我常听到的贫困户发自内心的感恩之语。

2019年元月初，王亚杰书记带领7位党委常委来到黄山村看望群众，调研推进脱贫工作。这次的主要目的是与干部群众一起座谈，排查研判"两不愁三保障"短板弱项，研拟具体办法，制定落实精准帮扶措施。王书记强调，要仔细再排查研判，对标对表，早谋划，早安排，早落实，为高质量完成脱贫任务打好基础。"村里有个大学生，大学四年

坚持一边刻苦学习，一边打工挣钱，学费、生活费不花家里的一分钱；有三位返乡创业优秀青年，已在家开始搞起养牛、鼯鼠等产业……"在我的汇报介绍中，王书记和各位常委频频点头。王书记对在场的几位优秀青年说："要多学习，掌握关键技术，走科学管理的路子，勤问勤咨询，多学多积累。技术问题，驻村干部多协调解决，技术扶持很重要。"我不仅听着，也记下来，放在心上。座谈会上，王书记一行为三位返乡创业优秀青年披红戴花，为他们颁发荣誉证书和奖金，以资鼓励。此后，这几位青年干劲十足，产业都有较大进步，令人欣喜。

2019年暑假前一天，王亚杰书记、常江校长召集学校扶贫领导小组成员单位负责人，研究安排第二轮干部结对帮扶工作。会上，王书记明确要求无条件不折不扣落实落细脱贫攻坚，抓紧抓好，抓出成效。这次会议决定在暑假期间，由各党委负责人牵头，每个党委结对帮扶一户黄山村本年度计划脱贫退出贫困户，校级领导任责任总长，扶贫办统筹协调，驻村干部对接落实，第二轮结对帮扶随即展开。

脱贫攻坚伊始，西北大学即调整加强了学校扶贫领导小组，书记、校长任组长，由扶贫办负责统筹协调推进脱贫攻坚驻村帮扶、双百工程、联县帮扶工作。学校刚性预算扶贫专项经费，配强扶贫力量，调整扶贫干部驻村补助标准，常态化调研指导，与驻村干部交心交谈，关心工作生活，保证驻村干部下得去，稳得住，能干事。

西北大学多次荣获省级扶贫单位先进，这与学校党委的高度重视和关心支持分不开，对此，我有更多深刻体会。在我的印象中，每年有十几个校领导来黄山村检查指导，积极推进黄山村脱贫工作。仅2019年，校领导先后18人次，处级干部35人次，师生约280人次来黄山村推进工作，助力脱贫攻坚，力求高质量圆满收官。黄山村处处留有西大人助力脱贫的坚定脚印。

教育和产业是根本

西北大学校长郭立宏多次来黄山村调研指导脱贫攻坚工作时反复强调，教育和产业是脱贫的根本途径，也是西北大学多年来持续扎实推进的重点项目，必须抓好抓实抓细，抓出成效。

从贫困发生的原因分析，客观上讲，部分贫困户家庭，在早期教育上出现问题，过早结束学习，初中毕业或未毕业，小小年纪就外出打工，涉世未深，尚未形成正确的人生价值观。在打工中，没有技能培训学习和工作经验积累，有的抵不住社会的各种诱惑，染上恶习或走上歧途，成为家庭拖累，成为名副其实的"啃老族"。理想很丰满，现实很骨感。农村基础教育薄弱，家庭教育缺失，造成部分贫困户脱贫致富后劲不足，这已警醒着年轻一代。西北大学作为高等教育单位，始终有着天然的教育情怀。二十多年来，西北大学始终把教育作为扶贫的重点项目之一，接续不断，带抓不懈，从未间断。

"教育扶贫是根本，现在因贫困上不起学的情况可以说不存在，核心是能否持续，要引导家长重视教育，目光放长远点，资助鼓励孩子求学上进，养成学习习惯，不一定都要上大学，但必须有一技之长，要树立榜样，形成人人重视教育、努力学习成才的正确导向。"郭校长的指示使我们进一步明确了方向，有了教育扶贫的良方。

做"显功"易，做"隐功"难。我们在入户走访时，必先询问了解

孩子上学没有，学习咋样。在与家长交流时，我们会举本村大家熟知的学习成才的例子，启发引导家长重视孩子的学习与教育。我常说："说白了，家长都是为孩子打工呢，最好的成绩就是把孩子教育成才，考上大学更好，最起码有一技之长，成为心智正常的劳动者，能自食其力。"这话大家很认同。同时，我们还动员组织有关单位的爱心人士捐赠衣物、文具、书籍，鼓励关爱留守儿童，让他们感受到"被爱"的温暖。

郭立宏校长每年都要亲自给黄山村的学生发放资助金，并与孩子们亲切交谈，鼓励孩子们努力学习，立志成才，改变命运，回报父母。"西北大学一直是我理想的大学，可惜分数差了点儿，考到西法大。但今天在黄山村里见到西大郭校长，聆听校长教诲，如同到了西大一样，好激动、好兴奋！"黄山村一大一新生激动地说。每年西北大学资助学生时，郭立宏校长都会到黄山村来。所发放的资助金或集中发放，鼓励新生努力学习，或入户逐一发放，叮咛家长重视孩子教育。2018年西北大学决定将学生资助面扩大，下延至高一、初一新生，让更多孩子受益，让更多家长从低年级就抓好孩子的教育。同时，郭校长向黄山村群众郑重承诺："西北大学将一如既往资助黄山村的学生，即便脱贫攻坚结束了,我们依然会对黄山村的学生进行资助鼓励!"赢得在场群众长时间的热烈掌声。据统计,脱贫攻坚以来的六年里,西北大学共资助黄山村各级各类学生82人,其中大中专新生51人。也就是说,六年时间不到,1000人口的黄山村已有51人考取大中专,可喜可贺。

培育发展产业是郭立宏校长关心的另一重点。在几次黄山村实地调研指导中,他都深入产业户中进行调研。三组养猪大户郭焕荣是郭校长结对帮扶的贫困户,他与郭焕荣多次交谈,了解规模、成本售价和收益,并自掏腰包资助产业资金。当走进郭小红的散养土鸡场,看到满场即将出栏的两千多只鸡时,郭校长高兴地与小红攀谈起来:"除去直接成本,一只鸡净挣多少钱?""一只鸡可净挣25~30元。""养鸡影响种地和就近务工吗?""每天喂两次,放好水,根本不影响种地和务工。""实践中多总结经验,坚持养,把这个产业做好。"他鼓励着小红。在返乡创业青年李树林的牛舍前,郭校长又详细了解养牛的规模、效益。"冬季草料怎么办?""老陈让我们种了甜高粱,冬春够吃,没问题。"郭校长在树林的引导下,现场查看了一袋袋已装袋青贮的甜高粱,他满意地笑着说:"好!这就是补产业中的短板,培育发展产业。"

"如何发展集体经济?要探索带贫益贫新模式,构建产业脱贫长效机制。"这是郭校长给我们的一个命题。我们参考别人的先进经验,结合黄山村情况,探索采取"党支部+集体经济+合作社+贫困户"产业脱贫模式,增强村集体经济实力和村民互助能力,使贫困户从土地、劳务、分红等方面多重受益。2018年5月,郭校长一行出席黄山村集体签约大会,郭校长和其他与会领导一起为"黄山村生态养猪专业合作社""少黄山生态种植专业合作社""黄山村绿健特生态养殖专业合作社""黄山村互助资金协会"揭牌,开启探索发展产业稳定脱贫新机制新模式。他强调:"西北大学将坚决落实陕西省脱贫攻坚决策部署,厚植为民情怀,把握精准要义,强化落实,科学管理,把产业发展好,把贫困户带动好，实现稳定脱贫，为党和人民交上一份满意的'西大答卷'。"

2018年，调整由常江副校长主管扶贫工作。在主管扶贫之后不到两个月内，常校长三次深入黄山村调研指导脱贫工作。暑假中，他在校扶贫办主任崔延力的陪同下，冒着酷暑，听完情况汇报后，又马不停蹄地深入散养土鸡现场，了解散养土鸡情况。他指示我们，要注意防疫，协调对接土鸡直供校园。"解决好质量和销售，才能稳定发展。"每次农产品校园展销活动的现场，也总能见到常校长的身影。在展位前，他总要驻足了解生产销售情况。"尊重群众意见，遵从市场规律办事，创造条件补足产业发展中的短板弱项，稳步有序推进，努力把好事办好，把实事办实，让群众受益，让群众满意。"这些指导意见一直贯彻在我们的工作之中。

结对帮扶西大情

习近平总书记在《摆脱贫困》一书中说，如果没有一个坚强的、过硬的农村党支部，党的正确路线、方针政策就不能在农村得到具体落实，就不能把农村党员团结在自己周围，从而就谈不上带领群众壮大农村经济，发展农业生产力，向"贫困和落后"作战。

扶贫工作正是一项解决民生实际问题，联系群众最直接、最根本的工作。开展扶贫工作，实现贫困地区脱贫奔小康，离不开党的领导，离不开广大党员干部的关心、参与、支持，更离不开地方自身凝心聚力，不懈奋斗。做好扶贫工作最需要走群众路线，最应该持之以恒，践行一切为了群众，一切依靠群众，从群众中来到群众中去的群众路线。

西北大学先后组织各机关处室、二级党委（直属支部）结对帮扶黄

山村66户贫困户。学校党政领导任责任总长，率先垂范，谋划组织，亲自安排部署。首轮结对帮扶中，王亚杰书记、郭立宏校长亲自带队，分两个批次带领机关各处室负责人，深入黄山村贫困户家中，了解生产生活状况和脱贫政策落实情况，查找"两不愁三保障"短板弱项，共同商议帮扶措施，发放产业帮扶资金。"西北大学这么大的领导、这么多干部来黄山村结对帮扶，对我们黄山村党员干部是一次深刻教育。"马平娃支书感慨道。

王志盈副支书陪同西北大学校工会主席来到村民马占良的院中。"我代表西北大学工会的同志来看看你，脱贫政策享受到没？家里几个人务工？""养老、残疾都有，家里有两个劳力，挣不了几个。"老马60多岁了，有空还出去务工。"你们给一点资金，养了100多只鸡，还有一些收入，起码够油盐。"马占良妻子笑眯眯地与田主席交流着。马占良的确勤劳，只要有机会他就去，不管是在外栽树还是在本地盖房，总是忙忙碌碌的。他妻子肢体有残疾，但身残志不残，她用仅有的一只手，艰难地耕种着门前那片地。

党委常委、总会计师张增芳负责包扶五组王善娃。老王夫妻年逾七旬，一家五口人，仅有大儿子一人在外务工，老王患有哮喘，一个儿子有精神残疾。张总会握着善娃布满老茧的双手，表情凝重。当善娃老人接过产业帮扶资金时，双眼噙着泪花，哽咽道："老陈他们平常都很照顾我，这次你这个大领导又亲自到家里，叫人咋说哩！真感动！"张总会担任西北大学扶贫领导小组的副组长有十年了，他一直关心扶贫工作，关心扶贫干部。记得有次在黄山村座谈会上，镇领导反映黄山村党群活动中心还拖欠不足10万工程款，张总会听着记着，没想到三个月后村里便拿到了有关文件，原来是张总会协调解决了资金文件，遗留的问题得到了彻底解决。

"那不是安民吗？"顺着指向，我看见马安民走进村委会院子。相

互见面介绍后,马安民说:"我家住得远,在台上,不能让你们跑了,我一个人下来方便。"党委常委王正斌副校长负责结对帮扶安民家,见安民来了,王校长与安民拉起家常。马安民家有六口人,老两口60多了,儿媳照顾两个孙子上学,儿子马银平一人务工支撑着全家。2017年冬季,安民不慎摔成骨折,家里养的几头牛无法再继续养,只好卖了。工作队及时给他送去2000元慰问金,解一时之困。安民身体康复后,又买了两只羊,现在已繁育到七只了。

在村里像马安民这样辛勤劳作的老人,还有许多许多。

三组周合南,80岁了,依然和老伴种地。"还能动,种点地,活动筋骨,不心慌,菜啥的也够吃了。"每次见面时,他总笑嘻嘻的。他会修缮房屋,经常有人请他去,不管付多少钱,他都去帮忙。当结对帮扶他的李振海处长递给他帮扶资金时,老周大声喊道:"感谢共产党,感谢西北大学。"这不是口号,而是发自内心的感谢。这几年里,我曾收购老周采的野生山药,不管几斤重,我每次都付给老人100元,他老说"把你亏了"。我总想,老周更需要这一点钱,我就是吃点亏,也没啥。吃亏是福啊!

第二轮结对帮扶,党委专题安排,仍然由党政领导牵头任责任总长，由各党委（直属支部）在暑假期间落实到位。

　　整个暑假，三天两头就有西北大学的领导带着党委负责人来到黄山村，头顶烈日，汗流浃背，翻山越岭深入结对帮扶户，看房子是否安全，饮水咋样，几人务工，收入啥情况，家里种养了什么……党政领导孙书记、李书记、王校长、常校长、赖校长、奚校长等一行精准落实帮扶工作，走进贫困户，在院子里开起"板凳座谈会"，共议脱贫之策。直属党支部樊书记一行，爬山坡深入五组王霞娃家中，得知他患有心脏病，即由随行的校医院职工现场指导；后来义诊时，校医院王军提前准备了心脏病药品，送到王霞娃家里。机关党委书记惠正强带着孩子一块儿来的，想让孩子感受山区的农村现状，体会农民的生活，接受国情教育。当走进村民王印低矮、阴暗潮湿的老屋里，孩子感触很深。"王印的女儿在这种艰苦条件下，刻苦学习，考上了大学，现在读大二了。"王印的伯父介绍道。

　　王尧宇副校长带着李波等几个党委书记，徒步翻山到南沟李官侃家走访座谈。王正斌副校长带着张军丽、李长宏等书记在四组王孝谦门口开起"板凳座谈会"。常江副校长已是2019年度第三次来黄山村帮扶指导，当他们一行来到郭凤娥家时，老人找凳子，擦桌子，端来新鲜核桃让大家品尝，忙前忙后，不亦乐乎，像招待久别远来的亲戚一样。赖绍聪副校长也带队入户帮扶。校纪委李邦邦书记在入户后下山返回的路上，反复叮嘱我们："你们自身工作扎实，群众满意，我上次来专题调研驻村工作纪律、项目实施、资金使用等，都很好。你们要继续坚守，努力把工作做细做实，坚持到底就是胜利。"我们牢记于心，落实于行动，让组织放心，群众满意。

　　当外语学院的王军书记看望六组王志强一家时，家中只有身患残疾的儿子王丹一人在家。王军书记与王丹交谈，鼓励王丹坚强。拄着拐杖的王丹艰难地站起来，给王军书记一行深深鞠了一躬。这一躬承载着一家人乃至黄山人的深情谢意。

　　结对帮扶中，我大学同班老大姐张军丽来了，李一凡书记来了，成剑副院长来了，李长宏书记也来了……他们的到来，对推进帮扶脱贫，对贫困户，是莫大的鼓励，大家的脱贫信心更足了。他们的到来，对我也是鼓励与鞭策。大家来以前都问我需要什么，他们要带着送来，"方便面，火腿肠，矿泉水"。因经常加班，方便晚上充饥。我很感动，感动于我有西北大学党政领导的关心支持，感动于有兄弟们的牵挂。

联户帮扶模式

脱贫攻坚，与贫困斗争，清除千年贫困，全面建成小康社会，是全党最大政治任务，最大民生工程。西北大学作为百年高等学府，守初心，担使命，主动作为，发挥优势，积极服务，举全校之力投身脱贫攻坚，精心谋划，周密部署，扎实推进黄山村驻村联户帮扶，脱贫成效显著，取得决定性胜利，也形成驻村联户帮扶"两大模式"。

西北大学扶贫已20多年，"两联一包"驻村联户帮扶黄山村八年。20多年扶贫，特别是驻村联户脱贫攻坚六年多来，党政一把手亲自安排部署，协调各方资源，合力攻坚，驻村干部扎实工作，常态化监督检查，形成了"3-1-325"西大帮扶模式。

坚持三个一的目标要求。一是始终严格把控脱贫攻坚时间节点，确保2020年实现"不落一户"，全部达标脱贫；二是始终严格把握"两不愁三保障"达标脱贫标准，精准落实"八个一批"脱贫政策，既不降低标准，又不吊高胃口；三是始终严格把住"激发内动力"主线，内化于心，外化于行，着力构建稳脱贫、防返贫长效机制。

时间已定，倒逼工期。西北大学根据黄山村的实际，科学谋划制订年度计划，从人力、物力、财力、技术、后勤保障等多方面全力支持驻村脱贫攻坚，党政领导亲自抓，率先垂范，深入黄山村调研指导，入户走访不断推进。六年来，先后有党政领导60多人次，二级单位负责人

80多人次，师生300多人次，深入黄山村，助力脱贫攻坚。紧盯"两不愁三保障"脱贫标准，精准落实脱贫政策，补短板、强弱项，协调引进饮水改造项目，修建蓄水池、集水池，铺设管网，彻底解决黄山村5个组84户372人安全饮水，惠及70.6%贫困户；推进80户约333人易地扶贫搬迁，危房改造2户，改造修缮3户未改未搬贫困户住房，为3户提供公益性住房，安全住房达标。配合教育主管部门，保学控辍，义务教育阶段无一人辍学。宣讲健康扶贫政策，落实四重保障，享受一站式服务，合规报销比例达80%以上。入户调查核实，严格评议报批程序，新增低保39户，调整1户低保等级，夯实"两不愁三保障"基础，筑牢稳脱贫、防返贫底线。

驻村干部坚守脱贫一线，为了脱贫目标不吝付出，甘于奉献而不畏清苦。走村入户，精准落实政策，补短强弱，精准帮扶。西北大学采取"常委任责任总长+二级党委行政推进+驻村工作队落实"结对帮扶机制，组织全校30个党委28个处室，动员各单位职工奉献爱心，结对帮扶66户贫困户，深入村组入户座谈，召开"板凳会"，了解实情，鼓励自我奋斗、理清思路，发放产业帮扶资金7.6万元；院系主动入村开展法律咨询、法律援助、义务维修家电、社会扶贫调研活动。黄山村脱贫路上留下"西大人"满满而坚实的扶贫脚印。

按年龄段将贫困人口分为老中青三个层次分类施策，精准落实。不同类别有不同需求，制定落实不同目标措施。对于青少年学生，励志助学，通过家访座谈，捐赠学习用品、书籍，发放资助金，鼓励他们刻苦读书，努力成才，改变命运，拔掉贫根，阻断贫困代际相传；教育他们立大志，知感恩，知敬畏，老老实实做人，踏踏实实练本领，成为一名自食其力的合格公民。对于中年人，给予提供劳务、技术培训、产业培育帮扶，增加他们的稳定收入，减轻他们的家庭生活负担。对于老人，入户拉家常，帮他们排遣孤独；每月进行健康诊疗服务指导，关心他们的健康;举办重阳节活动,茶叙聚餐,免费理发,给予他们更多人文关怀,让他们欢聚一堂,老有所乐,老有所为。

突出抓好教育和产业帮扶,采取"真情感动、产业带动、资金融动、技术驱动、奖励促动""五动工作法",激发内生动力,构建脱贫致富长效机制,这就是"3-1-325"西大帮扶模式。

好 人

"扶危济困""乐善好施""助人为乐"者,乃人们心中的好人。记忆中,小学阶段老师和父母常常这样引导教育学生,也常有同学作文中写自己帮助老大爷推车子、扶老人过马路、捡到钱就交给老师等。现在,说起这些,大家或早已不以为意,或因时代变迁,好人好事的形式已改变,但"好人"精神应该传承永存。人生要不断弥补的,不光是物质不足,还有精神的残缺。物质缺乏了,尚能忍受,心灵、精神残缺了,则无法立身。

当劳动日趋以货币体现价值时,相互帮助更多体现"相互",如果不足以"相互",则以货币代之。农村中,有些老人种地,日常忙不过来,或收获时需集中劳动,村民便会帮忙。今日李为张帮忙,他日张再为李帮忙,工工互换,其他皆以货币体现。黄山村三组五保户老李常常给本组农户除草、收种,挣些零花钱,相互心存感激。另一种情形是延续互助,如遇老人去世,本村本族本组都要帮忙,特别是家里老人还健在者,无论多远多忙,都尽可能赶回来帮忙,当然,也有大家为他帮完忙而溜之大吉者。那些不请自到、热心帮忙者,不计得失,群众赞之为好人,平娃支书当属一个。商州区水产站的闵旭锋、白松梅两位同志,同我们一起驻黄山村帮扶,他们几次拿来自家的衣物,甚至有次自掏腰包购买了几双新鞋,送给五组王善娃一家,感动得老王热泪盈眶。

好人指有善心，宽厚待人，且行善事的人。人无完人，月有圆缺。好人，首先是负责任的人。在家庭中负起为人子女、为人夫（妻）、为人父母的责任；在单位团体，履职尽责，不投机取巧，为集体添砖加瓦；在社会中，遵纪守法，遵守公德。那些在此之上，乐施助人，扶贫济困者，称之曰"好人"。季羡林先生说，考虑别人比考虑自己更多的人就是好人。当下考虑别人与自己一样多就是"好人"了。

毛主席说，人做一件好事容易，难的是一辈子做好事。陕西五洲矿业股份有限公司的职工王力是山阳县人。作为 80 后青年，他从小就是村里的"爱心小天使"。参加工作后，有了工资，他便萌生了组团做志愿者献爱心的决定。2013 年 9 月，他发起组建"山阳县爱心公益志愿者协会"，并带领协会志愿者，关爱老人，探望 14 个敬老院近千名老人，走访慰问 12 位抗战老兵。他助力扶贫，组织开展"助力脱贫攻坚，志愿我先行"活动，先后走访 200 多户贫困户，资助贫困大学生 30 多名，关爱留守儿童，每年冬季为孤儿、单亲儿童、服刑人员子女 500 多人，每人发放一套温暖包。他还关爱残疾人及重病家庭……

做件好事并不难，但王力一直在做好事，平均不到四天他就有一场善举。他的足迹遍及山阳各乡镇，惠及上万贫困群体，他的事迹感召着全国各地的爱心人士，他的义举被社会各界赞誉和传扬。2018 年元月，他入选"中国好人榜"。

我和王力是素未谋面的朋友，彼此通过微信、电话沟通联系。他的事迹令我感动，他也对我二十多年坚守扶贫表示了感佩。

实话说，我从事扶贫工作二十一年，一路走来，艰辛不易自知。曾多次有人问我："你为什么能坚持这么长时间呢？"说真的，我自己也没有想到能坚持到现在。驻脱贫攻坚村帮扶也已有六年多了，全村已有 112 户达标脱贫，较前更烦琐紧张，同团兄弟单位驻村干部也换了几任，我现在成为名副其实的老同志了。为什么能坚守一线？我的答案是，作为公民个人，本应积德行善，尽公民责任；作为一名西北大学的职工，更应履职尽责；作为一名党员，理应守初心，担使命，不负组织所托。守本心，凭良心，努力干，是一个职工最起码的本分，否则，就对不起每月的薪资。乾坤容我静，名利任人忙。其他没有必要去思虑，更不能邀功请赏。西北大学有多少教师数十年如一日默默奉献，甘于坐冷板凳，才成就了一番事业，与这些师长同仁相比，我又能算得了什么呢？

二十一年间，特别是驻村六年间，每年只要计划拟定好了，我就一件一件来落实，每天主动干好当天的事，主动检视，主动修正。

扶贫工作是最大的民生工程，服务对象是贫困群众，只有深入群众，主动作为，才能把党和政府的惠民政策落到实处，改善民生；才能彰显西北大学服务社会的为民情怀。如果是蜻蜓点水，出工不出力，不深入群众，不密切联系群众，不主动作为，工作肯定做不好。

我总想为群众多办点实事，为他们留点什么，这是我心中一直存在的想法，我也为此一直努力着。有人说苦，哪件事执着地干着不苦呢？

由于二十一年的坚守，做出一点点成绩，组织看在眼里，给予我许多肯定和褒扬。2017年，我获得陕西教育系统"我身边好老师"称号；2018年，获"陕西好人"称号；2019年，入选"中国好人榜"。这些既是肯定，更是鞭策，激发我继续努力，为最终打赢脱贫攻坚战而不断努力奋斗。

一个好人，应该是最基层的楷模，他来自群众，服务群众，而且能够用自己的精神力量去感染他人。

做好事不难，难的是坚持一直做好事。愿我们每一个人都保持着一份真情，去帮助比我们更需要帮助的人，让我们的爱洒满神州大地。

既是好人，努力永远做好人！

集体经济探索

集体经济是劳动群众集体所有，实行共同劳动，在分配方式上以按劳分配为主体的社会主义经济组织。集体经济是村级财力的主要来源，集体经济能否壮大，一定程度上关系到党在农村的执政地位能否巩固。因此，必须采取有针对性的措施，创新发展载体和手段，大力发展农村经济。

近年来，各级对发展农村集体经济越来越重视，但指导集体经济发展仍然处于资料摸底阶段，所有资料要求有完整目录，严格程序，档案资料日趋完善，但实际情况相去甚远。个人认为，摸清家底十分必要而紧迫，重在引导与培育。在脱贫攻坚期间，我们也在积极探索集体经济发展，查找集体经济培育发展中的制约因素、难点，探索集体经济的实现方式与路径。

目前，集体经济培育发展中主要的制约因素和难点，集中表现在集体观念不强，发展意愿不足，缺乏敢担当、善经营、会管理的"领头雁"，市场意识、规范意识、风险意识欠缺，对自然禀赋、优势尚未查清，集体经济实现方式与途径单一，等等。这些直接制约集体经济培育发展，成为亟待破解的瓶颈。

2019年，西北大学用商州区奖给学校的先进帮扶单位奖励资金，购买了50箱中华土蜂，将其捐赠给黄山村发展集体经济，得到上上下下一致赞誉。当50箱土蜂送运到黄山村后,前来关心的干部群众不少。个别贫困户理直气壮直接问咋分。看到只有50箱,119户贫困户,一家不足一箱,有些人开始摆自己的特殊困难。总之,一门心思等着分。虽说只是常年在村的个别人,但反映出贫困户"等靠要"的思想依然存在,扶志仍需加强,更体现出村民集体观念缺失,轻视集体经济发展。后来,由村支书马平娃带领几人把50箱土蜂养殖起来,现已扩繁至85箱。

培育发展集体经济要立足实际,厘清自身优势,充分发挥优势,尽力而为,量力而行,渐进发展,碎步快走,切不可"高大上",更不能脱离实际"假大空"。我曾与马平娃支书探讨过村集体经济,他谈到的发挥自身优势,立足村情,发展中药材种植,扩大菊芋面积,新增木耳等生产的想法比较切合实际。黄山村处处是山,森林茂密,荒芜耕地较多,可以恢复种植连翘等中药材,其下套种柴胡,立体生产;也可纳入退耕还林项目,给予项目支持,达到青山绿水是金山银山的目的。扩大林下养殖土鸡,完全放养,纯天然、原生态,以质赢得市场。由于大量人员外出务工,生态恢复保护得非常好,在征得林业部门许可后,采伐如橡木,发展木耳生产。旧宅腾退后复垦土地,也可引导生产时令季节性蔬菜,走有机绿色之路……

方案想法容易提,万事在落实。不行不至,不为不成。集体经济实现方式已在实践中渐进式探索着。近年,黄山村先后成立了三个专业合作社,不同程度都有进展。通过土地流转,联合带动贫困户发展产业,取得分红,吸纳劳动力务工,获得劳动报酬,达到共赢。同时也存在社员量少、实质参与度不高等问题,组织化程度和利益关联度是主要因素。组建合作社的目的在于逐步培养合作经营意识,为培育发展壮大集体经济做基础。黄山村现已有村集体合作经济组织,可以深度参与,精心组织,带动发展产业。

管理是成本,管理出效益。管是监督与控制,理是引导与指导,管理核心是利益平衡。利益不平衡，会滋生矛盾，造成内部混乱。集体经济组织需要建立在一套可行的制度之上，使之内化于心、外化于行，也需要有一套监督体系，使集体经济组织自觉接受监督，在阳光下运行。现实中，规范性制度不够健全，或只存留在墙上和档案柜之中。需要做的工作还很多，路还很长。

人是最活跃的因素。集体经济能否办成，能否办好，能否办出成效，关键在人。敢担当作为，一心为公，善经营、会管理的领导者是必备条件。现实中，村集体经济负责人是"被负责"的，责任心不强，积极性不高，不作为、不敢为、不会为是普遍现象。因此，集体经济培育发展需要团队谋划，组织实施。上级有关业务部门、帮扶单位的科学指导已成为当务之急。动员优秀青年返乡创业，发挥其优势，不失为一种正确选择。黄山村几位返乡创业青年，目前仍以个体经营为主，尚未参与集体经济组织。

我们在黄山村集体经济探索中，采取由下而上的渐进模式。首先鼓励扶持村民发展产业，培育他们的产业意识，让产业成为他们家庭经济的主要来源，现在中药材、林果、养殖等主要产业稳步推进，每年递增；同时，重点帮扶返乡青年发展产业，树标杆，典型引导。其次，探索在自愿前提下，以产业为核心，以互联生产经营为模式，建立合作经营。再次，组建合作社，探索更大范围合作生产经营与合作机制，探索合作社管理制度运行。从实际成效看，有所进展，值得再总结再推动。现在已建立了黄山村集体经济组织，在前期探索的基础上，深刻总结，科学指导，规范运行，成为脱贫攻坚决战决胜时期，与乡村振兴有效衔接之际，最为核心的工作之一，也成为巩固脱贫成效，防返贫防止新生贫困，推动村经济社会发展的重心。

入户走访

入户走访乃是驻村干部的必修课。只有入户走访，方知百姓家情家事，才能彼此了解，增进感情；方知难事短板，才能商议措施，做到精准帮扶。

共同努力，达标稳定脱贫，驻村扶贫做群众工作，需走群众路线。从群众中来，到群众中去，通过入户走访，才能对群众的冷暖需求、精神状态了然于心，所制定的帮扶措施才能精准有效。脱贫政策精准对接落实，入户走访是行之有效的方法。干部脚上有土，群众心里不堵。如果足不出屋，不进百姓门，不知百家事，何以精准帮扶？

驻村帮扶应该干点什么？为群众都干了些什么？问题解决了没有？我时常反思这些问题。

入户走访增感情。黄山村在家农户绝大多数是老人，他们经历过艰苦岁月，勤劳一生，对今天的幸福生活，发自内心地感激党和政府。然而，他们已年迈体弱，儿女为生计奔波在外，他们其实并不需要什么物质，缺少的是亲情关怀。"老吾老以及人之老。"我的父母已相继过世，我甘做他们的儿子。我常去老人家里问寒问暖，拉拉家常，让老人感受亲情温暖，帮他们排解孤独。了解掌握父母老人的近况，也好反馈给他们的儿女，或请其多关心父母，或告知他们不用牵挂，安心工作。走访中遇到留守儿童，我就问问他们的学习情况，给他们讲些历史故事和谜语，同时传授他们一些学习方法，为他们提供常识性学习资料。如果有时间，就坐下辅导一二，"幼吾幼以及人之幼"。由于工作原因，我女儿的学习、教育全是我爱人一人承担的，多年来我为此惭愧不已。今天，辅导留守儿童，也算是一种补偿吧。

入户走访解民困。通过入户走访拉家常、闲聊，能了解村民过往的生活成长经历，能较深理解他们的心理活动及家庭困难所在。2018年，我在入户走访中了解到有三位村民不慎骨折。于是我亲往家中看望，送去西大人的关心关爱，送上临时救济金，以解他们的燃眉之急。入户中，我也了解到养牛户冬春缺草，于是我紧急联系落实适宜草种，解决养牛缺草之困，促其养殖产业健康持续，增强他们的信心。实地走访中，我发现群众翻地缺劳力，效率低，人工成本高，于是我们为集体购备了旋耕机、除草机，提高效率，降成本，促发展。马平娃支书在遍访中，对有劳力的贫困户，设法在村里为其提供简单的劳动机会，以增加他们的收入；对群众需到镇上办的手续等，或为之代劳，或用自家车拉着去办，群众铭记于心，也体现了一个支书的为民情怀。入户时，得知

七组孙书山老人生活困难，体弱多病，抱养的女儿也不在家，我便找来本组王剑，为孙书山办理相关资料，为他申请五保户和临时救助，让其安心放心，防止产生新的贫困。

教育是我们一直关注推进帮扶的重点。入户走访中，我们询问学生在校的情况；暑期时与返乡大学生交流，了解他们在学校的生活，向他们宣讲教育脱贫政策，叮嘱他们在八月底前备好相关材料，到扶贫局办理贫困户大学生资助。保证每个贫困家庭大学生都能享受到教育扶贫政策，助他们安心学习，顺利完成学业。

入户走访中，群众普遍比较关心健康扶贫政策，啥能报销？住院咋办？报销多少？等等。于是我和村干部在入户时注意宣讲解释相关政策，让大家熟知政策内容，明确政策界限。同时，入户中，我们检查贫困户住院报销情况，看其是否达标，对有疑问的按政策解释。检查中发现，因种种原因造成合规报销比例达不到 80%，于是我们及时联系落实，二次依规报销。

只有深入其中，方知民之困，从小事、难事做起，才是一名干部应为、所为之事，才能增进与群众的感情，得到群众的理解支持。

入户走访查短板。"两不愁三保障"是脱贫标准，重点在于查找短板弱项。知短知弱，才能对应精准，落实政策，补足短板，促达标脱贫。有几户特困贫困户是重点对象，一年中，我与村干部三番五次对其进行入户走访。一组李平娃、李官侃等几户或因残疾，或因年迈，家中没有劳力，收入单一，处于脱贫边缘，存在返贫风险。我们及时为他们申办低保，给他们落实享受兜底政策，保证吃穿两不愁。其中两户住着土坯房，西北大学出资对土坯房进行了修缮，保证住房安全，尤其对李平娃的房屋进行了"大修"，使其安全达标。

入户走访化解矛盾。矛盾时时处处存在，及时化解，促进和谐，创建平安。一是针对政策理解偏差引起的误会，耐心解释，动之以情，晓之以理。绝大多数群众是通情达理的，我们解释后也理解了精准施策的方针下，自家没有享受到某项政策的情况。二是入户化解邻里纠纷。摆事实，讲道理，调解处理，劝其相互礼让，重归于好。防止矛盾扩大，促团结友善。三是入户重点排查安抚有上访动机的人员，这是村里一项重要的维稳工作。四是入户化解家庭矛盾，挽救问题青年。每个人的童年经历不同，家庭背景不同，因缺少关爱和正面疏导，有个别青年性格孤僻，好吃懒做，思想认识偏激，甚至有违法倾向，我们都是第一时间入户调解疏导，想方设法教育引导，尽力校正。

入户走访是驻村干部应该练就的基本功，是过程扎实的"绣花"功夫。如果仅仅为完善相关资料，今天签字，明天照相，反复叮嘱帮扶户"我叫啥，你一定要记住，上级检查时你要能说出"，就流于表面了。次数多了，群众心里很是反感，如是反复，群众不予配合，也在情理之中。反过来，如果我们经常入户与群众保持紧密关系，也没有必要在检查前去"交待"这个那个了。

入户走访是研究调查，推进落实的过程。"没有调查，就没有发言权。"唯常态化入户走访，方能精准帮扶显成效。

引导中药材种植

中药材生产是黄山村最传统的产业之一，普遍栽种的品种有连翘、二花、柴胡、黄芪等，应市场需求，也出现过短期高价中药材品种，也有村民追风种植了苍术、白芍、猪苓等名贵药材。

黄山村人能辨认中药材，一般人都能说出某种药材的功效作用，也偶尔自采自用，医病、健身与防病。在与村民的长期接触中，我也增加了不少中药材和中医常识，不由感慨中医真是博大精深。很多中医常识我是从黄山村上届老文书郭焕章处得到的。他懂中药，对中药材的习性功效了然于胸，经常有在村老人、妇女找他把脉开方，服用后很管用。有些年纪的黄山村人不仅能说上来几种药名、功效，也能说几种小偏方。近三年，每年都有散养土鸡直供西北大学销售，在村杀鸡时村民会收集许多鸡胗，将其放在瓦片上烘干磨成粉状，多用于治疗食欲不振、消化不良、小儿疳积、饮食积滞。鸡胗也可以补铁，能辅助治疗缺铁引起的精神萎靡、厌食、挑食、生长发育迟缓、头晕失眠、注意力不集中、记忆力减退、抽筋、膝盖疼痛等。

村里栽种了不少连翘，也有很多野生的。每年初秋季节，许多在家妇女三三两两结伴上山采摘，出发时带上干馍，中午不回来做饭吃。一天下来，手快的可以摘七八十斤，一般的也能摘四五十斤。鲜连翘每斤约3元，一天能挣一二百元。野生的连翘生长在山坡上，不易采摘，必须注意安全。遗憾的是，每年都有因摘连翘发生意外摔坏腿腰的，卧床数月，费用开支很大，追悔莫及。我在黄山村接触连翘较多，才对连翘有所认识。连翘开黄色花，非常漂亮。干果实具有清热解毒、消肿散结、消炎止痛等功效。和几位做过药材的黄山人闲聊时，我向他们咨询，从市场需求研判，栽种啥中药材有较大的市场需求，前景较好。他们首推连翘，理由是好栽易活，好管理，重要的是现在人们衣食无忧，饮食不规律，生活压力较大，常出现上火、肿痛等症状，都需要连翘，很有些道理。2018年春节期间，借外出务工人员返乡过年之际，我们在黄山村委会会议室集中召开了返乡人员和在村贫困户劳力参加的培训会。会上，我给大家分析了中药材的市场前景，大家共同研讨了黄山村适应栽植的中药材品种。我说："既然大家对连翘、苍术、白及、柴胡等中药材长期市场前景看好，又有一些栽植经验，就可以选择适应品种，适度面积栽植，这样，一方面在外务工，一方面关键时期回家除草管护。两三年后药材长成采挖，也是一笔收入，务工种田两不误。"与

会人员点头肯定。随后，我又将自己学到的中药材栽植技术、杂草化除技术讲给大家，促进科学栽植，早出效益。此后，相继有李力争、周菜柱、王志刚、马银平、王宏等八九个村民栽植连翘、猪苓、柴胡等药材。

我从几年的脱贫特色产业政策奖补中发现，有几种名贵药材被列入奖补目录。我看到其中有猪苓，然而我对猪苓一无所知。2019年，实地核查中药材种植时，我才从同事、村民那里知道，猪苓是一种药用真菌，有利水渗湿、泄热止渴、治疟止泻等功效，可治小便不利、水肿胀满、脚气等。因长在地下，无法观察到实物。2019年冬，黄山村猪苓生产大户王宏全家挖条沟、截木料、扩繁时，我才目睹猪苓实物。目前，黄山村已有三户人家生产猪苓。

有次入户，见一户户主老夫妇正在摘一堆白嫩嫩的，我叫不上名字的植物根，于是连忙请教。老人说，这叫白茅根，熬水喝或泡着喝，有清热凉血、止血的功效。他外孙易上火流鼻血，他挖一些给外孙捎去。又长见识了。黄山村民日常所用的调料多为自产，常有村民采一撮茴香，不一会儿做成锅盔，非常美味。我常常看到村民用陈皮、葱根、姜熬一大碗水，用来治感冒，喝几次症状就会减轻。古人说的"药食同源"就是这样吧。

我曾和一位中医探讨过一个问题，按道理看中医就找年龄较大的老中医，但有人说现在年轻中医比老中医看病效果好，不知这是何故？他解释说，老中医脑海里都是老方子老规矩，一个方子中各种药该用多少量，是有规矩的，老中医不敢随意增减用量。但现在的药材多数是人工栽植的，种植者不是在药品成熟期采收，而是按市场价格采收，很多药材生长期不足，药性自然不足。这样的药材质量不高，疗效有限，就是说原该用5克，但遇到这种药材要达到有功效就要加量，但老中医不敢加量，而有些年轻中医大夫敢，也就出现老中医把脉诊断行，开方效果不如年轻中医的现象。真有道理。

我崇尚中医，日常里对中医多有兴趣。"偏方气死名医"，我是受益者。2017年我右手背上长出一个瘊子，不疼不痒，没啥感觉，但日见长大，很不雅观。西医说要用激光或冷冻治疗，但我又没有时间去医院。有次去往老王支书家谈及此事，王家老嫂子急忙说："这好办，用野麻秆的嫩枝液抹，抹上几回自然就下去了。"她是个热心人，急急忙忙出去找野麻秆，不一会儿采回几枝，她把嫩枝上浸出的橘黄色液体涂到我手上，也让我认清这个野麻秆的样子，说村里到处都有，随时都可以抹。我抱着试一试的态度，给自己找了野麻秆抹上。好在村委办公室门前的花坛中就有几棵，采摘涂抹非常方便。我坚持涂抹了五六次，手背上的瘊子一次比一次小，最后脱落，表面平滑。我没受罪也没花钱就治好了。我不由感叹群众的智慧经验，也感叹大自然的神奇。

连翘在商洛历史悠久，品质上乘，在市场上认可度较高。我与商州区林业局雪鹏局长交谈，为黄山村争取退耕还林项目，他不仅全力支持，而且建议栽种连翘。现在，这个项目正在积极推进之中，2020年春，已有开运、天年、燕子、忠印等户积极栽植连翘、苍术等药材。还有一部分群众具有栽植连翘的强烈意愿，我们商议由村委会统一选调，西北大学予以奖补，每亩不少于100元，继续推进中药材种植，不断夯实脱贫产业基础。

随着对中药材和中医的了解加深，我心存对大自然的无限敬畏，也对群众在生活中积累的经验由衷敬佩。我想，人类生存于大自然之中，大自然养育着我们，我们应亲近大自然，认识自然，保护自然。人类的一切活动应遵守自然规律，否则，将遭到自然的惩罚。

感恩大自然，敬畏大自然，保护大自然，应为人之悟，当为人之为。

养成学习习惯

"学而不思则罔,思而不学则殆。"学习而不深入思考,就会迷惑,但只是去空想而不学,那就危险了。告诫我们只有把学习和思考结合起来,才能学到切实有用的知识,否则,收效甚微。

学习是伴随终身的一种习惯。向书本学习,向实践学习,向群众学习。因扶贫工作需要,我不断学习国家不同阶段关于扶贫工作的方针政策。脱贫攻坚过程中,我反复学习习近平总书记关于扶贫的重要论述,力求学通悟透,把握精准要义。在地方党委政府的统一领导下,精准落实落细,力求实效。切实解决"两不愁三保障"短板弱项,确保在现行标准下达标脱贫。立足实际,着眼长远,谋划推进产业发展,构建稳脱贫、防返贫长效机制。我学习领会精神实质,与具体实际相结合,唯实求实,让困难群众切实得到真帮扶,切实解决阻碍脱贫致富的短板,切实感受到党和政府、帮扶单位的温暖。

"书上得来终觉浅,绝知此事要躬行。"群众在生产实践中,积累了丰富的经验,值得我们学习。只有深入群众,方可学习。这里有积累传承下来的农耕文化,有剪纸、面花、编织等非物质文化遗产。黄山村李凤琴老嫂子的剪纸技术可以称得上炉火纯青,得心应手,只要点题,随手就来。周合南老人的修房掺瓦技术,堪称一绝,难怪大家都请他,称他是"把式"。七组已故袁秀喜的编笼技术是一绝,几个人边说边编,半天工夫一个崭新的笼就编好了，又快又好。老牛耕地的把式功夫更多。但随着大批青壮年劳力外出务工，大量耕地荒芜，耕牛少了很多，常常见到的是"人拉犁"耕地。也许有人会说，几近现代化了，这些都没啥用途了，但这些即将失传的农耕遗产是中华文化基因的组成部分，是传统文化之魂，承载着人民群众的智慧，不可失传，更不可丢弃。

"工欲善其事，必先利其器。"在二十多年的扶贫工作中，为了更好地服务三农，更好指导农业生产，我自学农业知识、果业管理技术、土肥水管理技术，特别是土壤改良技术以及微生物应用技术。既丰富了自己的知识结构，也结识了许多农业果业专家。有许许多多农业果业的一线生产管理者成为我的老师、我的好朋友。日积月累之后，我先后主编出版了《基层专家苹果管理技术》《特色农业管理技术手册》两本小册子，成为群众"想得起、找得着、用得上、靠得住"的咨询老师。

深入群众，我学到了艰苦朴素、艰苦奋斗与纯朴善良。坚守扶贫一线二十一年，双脚沾满泥土。干部脚上有土，群众心里不堵。居于陋室，食于简灶，实际上始终展现着农民的影子，这就是从农民群众中学到的。虽苦不言苦，群众比我更苦。"一日三餐，当思来之不易。"浪费在城市里比比皆是，但群众是何等节约，一粒米都不舍得浪费，"不能因为现在日子好了就可以浪费"，农民兄弟朴素的话语常在我耳边回响。偶尔返回西北大学，在学生食堂吃过几次饭，我见到一些同学将半碗饭、一个馍，毫无表情、心安理得地倒掉，真是可惜！我常思考，勤俭节约的优良传统需要永恒地学习传承下去。学校教育、家庭教育，都需强化品德教育，塑造完全人格。

在八年驻村扶贫中，我坚持在村。每天早上我早早就到办公室，在村干部陆续到来之前的这段时间，更多的是看书，扶贫方面的书，助于精准掌握政策、把握要义；农业技术书籍，自学掌握后便于指导，便于"贩卖"科技。我也相继看完了《史记》《资治通鉴》《古文观止》等，丰富文化素养，从中吸取养料，促使自己静下心来。晚上，也继续阅读。我现在已经养成九点半就睡觉的习惯，保证早上六点起床。夏季，即起即出门走路，路上碰见谁就一起聊聊，也是一种走访方式，冬季则稍晚点。南怀瑾先生曾说过，能控制早晨的人方可控制人生。一个人如果连早起都做不到，你还指望他这一天能做什么呢？

思考是学习之后的消化和参悟的过程。现在我的学习更多的是理解，悟其本质，修正自己的言行，没有功利性。我偏好传统文化，能从中参悟做人道理，不断提高个人修为。这是一个渐进的过程，更多反思检讨，不断修正提高。人的一生除基本的物质需求之外，临终所留之物，也只有个人品德修为了，其他无一物。我常思考自己从哪里来，要到哪里去，感恩父母给予生命，感恩父母老师养育，感恩一路上遇见的曾帮扶过我的人。百年看沧桑，人人都一样，来于自然，归于自然。

人人身上都有闪光点，人人都有值得我学习的地方。就说我女儿，二十多年来，因对她关心关爱较少，我时常悔愧。女儿英语学得不错，她那样刻苦用功，非常值得我学习。再如黄山村周老四的外孙，小家伙是我看着长大的，他玩手机的水平我简直望尘莫及，尽管这样对小家伙的成长不好。老支书王志盈言行中总能体现"中庸"之道，不急不躁，办事总是周详。学校各位老师也都是我学习的榜样。那些择一业忠一生，数十年如一日，孜孜以求，做出突出贡献的专家教授，其志之坚，其情之真，更是我学习的榜样。

多思不若养志，多言不若养静，多才不若守德。不与智者接触，难成智者。读书，读好书，其实就是与智者接触的最好方式。当然，要成为智者，还需要实践与思考总结，不断丰富和完善自我。别人蒸的馍可以吃，但老吃别人嚼过的馍，就没有味道了。

坚 持

扶贫工作已经坚持二十一年了,我一生就干了这一件事,如果能把这一件事干实干好,我心足矣!

"志行万里者,不中道而辍足。"不是每个人都能出生在这样一个伟大的时代,不是每个人都能来到这个没有硝烟的战场,加入人类有史以来最伟大的脱贫攻坚之中,厚植为民情怀,砥砺实干精神,持力奋斗,攻克贫中之贫,困中之困,确保全面建设小康社会,实现第一个百年奋斗目标。作为亲历者、践行者、参与者,功成不必在我,功成必须有我,我深感自豪!

有许许多多的农村娃,通过自己的努力进入高等学府深造,成就自己的人生梦想,但因复杂的原因,仍然有许多人还在农村为生活奋斗着。帮助他们,是我们的责任与义务。百年学府西北大学厚植为民情怀,践行初心使命担当,我作为组织选派的扶贫干部,作为具体执行者,更应坚守岗位,履职尽责,以实际行动推进落实。职责所系,责无旁贷,否则,根本对不住所领的养家糊口的薪水。

农村与城市有较大的差别,特别是处于老少边穷、高寒边远的山区村,条件更为艰苦。没有吃苦精神的人,很难在这里坚持下去。这里没有城市的生活条件与便利,在黄山村驻村八年多,我的生活必需品都是从西安背来的。村里没有小卖部,一包烟也要走几公里去买,说心里话，很省钱。食于简灶，群众吃啥我吃啥，因患糖尿病，我每天吃得很少，主食不足三两，萝卜、白菜是我的最爱，肉基本见不到，也不吃。黄山村的常住村民也是这样。大家就地采用的食材绝对是绿色无公害的，非常新鲜，可以说是自己看着长成的。虽然在农村因养殖等会偶尔闻到臭味，但空气绝对清新，深吸一口，沁人心脾，这是城市人拿钱也买不到的。我居于陋室，与村民无异。屋子夏季凉爽，但寒冷的冬季比较难熬，冬天室内温度零下四五度，如冰窖一般，令人手指僵硬，办公室亦是如此。晚上盖两三床棉被，寒风仍然从木窗偷袭而来。2018年冬，我爱人为我网购了一台油灯暖气设备，好了许多。2019年冬天，村支书给办公室架起碳炉子，办公室暖和了许多，也成为大家聚集处，但人多闲杂，干扰工作。驻扎农村，洗澡是奢望，根本没有这个条件，十天半月不洗澡是常事。每次回家一进门，我首要就是洗澡。

"不容易""真不容易"是来过黄山村的"西大人"对我最大的褒奖。"由俭入奢易，由奢入俭难。"从城市转入农村，驻扎农村，克服艰苦条件的确不易。从这个角度说，有些单位安排驻村干部轮流值守，就不难理解了。农村工作繁杂琐碎，首先要融入其中，在工作交往中，了解每个人的习性、习惯、思维与处事方式。基于长期在农村生活工作，我发现村干部虽然没有经过长期规范训练，但他们说话办事有自己的一套章法，这些章法有一些看起来不太符合规范，但是很实用。在脱贫攻坚工作中，精准落实各项政策，选择推进项目，需要村干部配合支持，才能落地，取得实效。

百姓百姓，百人百性。脱贫攻坚扶贫政策需要精准落实，然而任何政策精准落实时都会遇到阻力，都会引起部分群众不满，主要源于部分群众"不患寡而患不均"的心里作祟。脱贫攻坚中增加的清洁、护林公益岗位，是为解决在村贫困户劳力特设的公益岗位，具体人选由村三委会根据实际选择，但是僧多粥少，难以平衡，无论如何做，都无法做到让所有群众满意。做任何事都有阻力，我们即使再细，亦有疏漏。既有疏漏，群众基于个人情况，有的当面提出异议，有的甚至当面谩骂。当时的确让人难以接受，我一般是沉默处之。对此我的认识是，自己有过，则改之，无过，沉默处之，让群众先发火，发出来也有益群众身心健康，对自己也是警醒，促使自己工作更向实向细而为。干事就会产生矛盾，干事就不能怕出现矛盾，事先精细，事后化解。

二十一年坚持扶贫路上，各种酸甜苦辣。我之所以能坚持二十一年扶贫，离不开家人、组织和各村干部与群众的理解与支持，我也深知每到一村一地能获得大家的尊重与赞许，首先因为我是西北大学的干部，正是有西北大学金字招牌，才有二十一年的坚持。

有人说我是傻子，太老实。的确如此，因为我只知道干好我应该干好的事，其他不是我应该操心的事情。正是由于众多的"傻子"才成就了伟大事业。那些数十年坚守，耐得住坐冷板凳的，哪一个不是别人眼中的傻子，只有坚持方可成功，不是成功了才去坚持。脱贫攻坚是伟大时代最伟大的民生工程，需要更多满脚沾泥，一心一意为民办实事好事的"傻子"。如果将驻村扶贫当作"热点"，当作捞取政治资本、索取光环的机会，就是有所得，终究不可长远，德不配位也。"食能止饥，饮能止渴，畏能止祸，足能治贪。"

李昌钰曾说："做人的道理就是，在工作上发掘兴趣，假如喜欢工作，再累也不怕累；在劳动中体会到闲情；在信仰中找到真爱；身心和谐，寓教于乐，这就是生活的意义。没有等来的辉煌，只有拼来的精彩。"扶贫是我坚持的事业。与群众相处，心里踏实，与群众相交，为群众办实事解难题，虽苦尤乐。

人生本无常，心安即归处。无论在艰难中跋涉，还是于困苦中执着，莫不是寻觅一条走向内心初衷的路，搭建一块让灵魂安详的栖息地，追求一份良心的皈依，真情的付出，灵魂的平安。

扶贫路上，洒下辛勤汗水，留下一连串脚印。行百里者半九十，在全面打赢打好脱贫攻坚战中，在脱贫攻坚决战决胜之际，毅然守初心，保定力，凭良心，努力干。每一个成功、每一点成绩的取得，都离不开背后所默默付出的努力，这种执着付出的精神应为之点赞、汲取、传承。

任何事情都要坚持不懈地努力，坚守自己的初心，久久为功。投机取巧、弄虚作假、半途而废是没有结果的。

人人都怀有人生出彩的梦想，能否实现，不在别人，取决于自己。要知道，内因是变化的根据，外因是变化的条件，外因通过内因而起作用。如果自己是黑洞，就别埋怨光照不进来。

精神在于传承，如果没有传承，就是和初心、梦想说了再见。现在在于努力，如果没有努力，就是和机遇说了再见。

坚持，唯有坚持，才有最后的胜利！

我的家

我的家是幸福的！现在我们一家三口平时各忙各的，只有节假日才能聚在一起，但即便如此，也往往因为我的缺席而不能如愿。好在视频通话弥补了聚少离多的缺憾，我和家人在视频中彼此问候，通报彼此的近况，一家人其乐融融。我打心底里感谢微信视频的发明者，让包括我在内的众多人，由此缩短与家人的距离，加深亲人间的感情。

对家我内心充满感激与愧疚。感激妻子爱华二十一年以来的理解、包容与支持。二十一年坚持在扶贫路上，我如果有点成绩，她才是幕后的英雄，是最大的功臣。

当年选择踏上扶贫路时，她身怀六甲，正是需要悉心照顾的关键时刻，她毅然决定理解与支持我的选择。直到医院待产时，我才陪伴在旁。因难产需要剖腹时，住院余额不足，我急急忙忙回单位借款，她忍受巨大痛楚与心酸。出院后，正值伏夏，娘俩蜗居在东院瓦房中，很多老师长辈探望时流下眼泪，我亦是愧疚万分。女儿呱呱落地，直至长成今日亭亭玉立的妙龄少女，二十一年了，都是爱华妻悉心照顾抚育，她付出了一个母亲的全部心血和青春年华。她娘俩记忆中更多的场景是，每到周末，当同龄孩子在父母的陪伴下外出游玩，她娘俩孤单地在西北大学新村院子或校园里游走。每当孩子生病，多数是她独自带孩子到医院去看医生。有一年夏季，大雨倾盆，满院深水，她抱着孩子深一脚浅一脚在水中行走，不慎摔倒，她忍着剧痛，紧紧护着怀中的孩子，但她的左膝盖半月板受伤，留下后遗症。至今，仍有伤痛。

皇天不负苦心人。爱华妻精心抚育，全心照料，鼓励鼓励再鼓励，女儿也是倍加努力，考上了大学，学习成绩优异。大一时，女儿就考取了初级会计资格证，并陆续过了英语四级和六级考试。现在她坚持刻苦学习，正朝她下一个更高的梦想奋进。这是对爱华最好的报答。我更多关注女儿生活技能和品德的培养。女儿懂得感恩父母，当我十天半月回家，女儿主动做早餐、洗衣服，一家人围坐在一起，甚是幸福。爱华妻现在更多培育女儿的生活能力，让女儿能独立生活、独立思考，成为一个完整的人。爱华妻对女儿、对这个家的付出，远多于我百倍千倍，我感恩，我愧悔。

2003年，我查出二型糖尿病，一家三口拿着结果单去找医生。医生看一眼单子，再看一眼我们一家三口，如是再三，此处无声胜有声，巨大的暗示给我带来巨大的心理压力。我一个月狂瘦30斤，沉默寡言，不愿见人。爱华妻时常安慰我，列举事例说这病没啥，心态放好，管住嘴，迈开腿，就能健康生活下去。从那时起，她每月按时给我买专用药，每次我离开家时，她千叮咛万嘱咐，让我按时吃饭，少吃主食，少量多餐，按时吃药打针，坚持走路，控制血糖，像对孩子一样百般照顾。从那时起，一家人一起吃饭时，她总是按规范要求做我能吃的饭菜，到现在女儿也养成这个习惯。她甚至不止一次给女儿交代："有天我不在了，你要好好照顾爸爸，他一生很不容易。"每当我听到这些，虽然当面批评，转身却泪滚脸颊。这是什么？这就是爱，是难以割舍的亲情。

2003年至今，按医生的建议，我每年要住院调理一到两次，但实际上我并没有照办。原因是我不愿意去，怕麻烦。在爱华妻的反复催促，甚至死拉硬拖下，我"被迫"住过四次医院。每次她都全天照顾陪同，一日两餐她亲自在家做好送来，饭后又陪着我走路锻炼。记得 2015 年住院时，住院部病床紧张，医生给我加床住在楼道。早上，我躺在病床上，仅有头露在被子外边，她在床边闲叙，护士过来喊道："67 床家属，叫你爸起来打针了。"我满头银发，与她的容颜相比较，相差二十岁，难怪护士叫错。说明情况后护士很尴尬，急忙道歉。爱华妻说："农村工作，把你干得更显老了。"虽然是在笑着说，但泪水都挂在脸上。

我是个马大哈，对数字不敏感。工作几十年，票据乱放。2014 年脱贫攻坚以来，帮扶项目多了，除了自己在日志中详细记录外，爱华也帮忙备存字据清单，当起义务会计。不仅如此，她十分精细，几十年来的各种证件、单据、凭证等，她都整理归档，按类备存，井井有条。家里的衣物也是按人分季节归类挂放整齐。我和女儿就差远了，找件衣服，就要翻箱倒柜的。她常告诫我们父女俩一定要好好学着，我俩也是当面答应，事后依然如故。家里都是她抽时间精心打理，干干净净，井然有序。有位朋友到家做客时惊呼道："你们没住，不做饭吗？厨房整洁如新。"其实我们是常做饭的。

大家经常会在朋友圈看到我发的周末吃荞面饸饹和荞面馍的状态，这都是爱华妻在我回家时专门为我做的。每次返回黄山村的前一天晚上，她都会把我要带的衣物、荞面馍、茶、药物等都准备好并归类放入我的包内。我每次都是五点起床，吃半个馍、一个鸡蛋，泡上一杯茶，然后五点半出门赶第一班地铁，到沪河坐拼座车回黄山村，九点多到村。每当我起床时，她已经把早点准备好了，像送小孩一样叮嘱我路上注意安全，到了报个平安。她怕我在村营养不足，经常买些牛肉剁碎炒好，装在瓶子里让我带回村夹馍吃。每当想起这些，我全身充满暖流，泪花在眼里打转。这就是我的妻子，越来越像我的妈妈了。

爱华妻也是苦孩子出身，母亲在她 15 岁时就去世了。她是在父亲、兄长及众亲戚的帮助下成长的。勤俭节约、吃苦耐劳、乐善好施是她的优秀品质，她从来不拿别人一分一文。有次我带回家七八斤核桃，她再三追问是买的还是送的，是谁送的。要是谁送的，她一定要求我回赠人家一些东西，或对方来西安时主动请其吃顿饭。我自知礼尚往来，恪守做人底线，正是"家有贤妻，夫不招横事"。2017年冬，连续多场大雪，异常寒冷，她网购电暖器直接送到村。她说千万别冻着，自己用，不要找公家报销，至今票据还在她手中。后来她又叮嘱我把房东的电费付了，"人家也不容易"。她的提醒，使可能被忽略的细节，没被忽略，可能会出现的细节问题，没有出现。

我获"陕西好人"并入选"中国好人榜"，许多朋友来电祝贺时，她流下热泪。她对我说："这份荣誉是对你工作付出的肯定，更是一种鞭策，我们都要倍加珍惜，更要加倍努力，圆满完成学校交给你的任务，也为你的扶贫事业画上一个圆满句号。更要严格要求自己守住底线，不能给个人、家庭、学校抹黑。"这些话时常在耳边回响，时刻警醒着我。对于评优，我已淡然，工作大家一起干，干没干，干多干少，没有任何必要计较。她娘俩常说不要更高职位、更高荣誉，只要健康平安回家，有更多时间一家人待在一起。

幸福的家庭生活给我带来了温暖。在我家里，每到吃饭时就有筷子动来动去的声音，这不是磕碰，而是我们互相把菜夹给对方，让对方多吃点，这就是我的幸福家庭。

二十一年寒来暑往，扶贫路上取得的点点滴滴，与其说是我的工作成绩，不如说是我全家的努力结果。

我是幸福的，我的家是幸福的，我爱我家。

静夜思之后续帮扶

脱贫攻坚已经取得决定性胜利，进入决战决胜冲刺阶段。在现行标准下，突出问题得到有效解决，绝对贫困已经基本消除。但通过精准排查研判，仍有少数贫困户，因灾、残、病、缺少劳动力，脱贫不稳定，极易返贫。从脱贫整体看，仍存在薄弱环节，如产业单一、收入不稳定、内生动力不强等，需要强化落实"四不摘"政策，继续精准帮扶，扶上马，送一程，巩固脱贫成果，提高脱贫成色，为迈上小康路奠定更加坚实的基础。

易地扶贫搬迁户的后续帮扶更为紧要。易地搬迁解决了贫困户安全住房问题，但搬迁后贫苦户无产业支撑，无就业岗位，无稳定收入来源，直接影响搬迁实际入住率。搬不出、稳不住、不致富是目前易地扶贫搬迁中的突出短板，应予重点帮扶。可以在地方政府统一组织下，有计划引进劳动密集型加工企业，吸纳易地搬迁贫困户中符合条件的劳动力务工，促就业，稳收入，保入住。也可以依托本地上游企业，围绕下游项目，引进或开办企业，如依托大荆森弗公司，对10万吨菊芋深加工后产生的下脚料进行再利用，可引进相关微生物企业，将下脚料和农村畜禽粪便、植物秸秆等有机物料，再加工生产生物有机肥，既能吸纳贫困户务工就业，又可变废为宝，使有机肥料还田，还可保护并洁净环境。

根据中央 1 号文件精神，结合本地实际，出台相关鼓励扶持政策，引导将各村荒芜耕地、旧宅腾退复垦土地整合，以流转、入股、代种、联耕等形式，因地制宜培育发展特色产业，采取保底利润或分红方式，增加收入，吸纳部分劳动力务工生产。同时，帮扶部门单位发挥优势，拓展销售渠道，加大消费扶贫力度，以销促产，以产业促就业。

同时继续对务工人员进行分类技能培训，提高技能水平，使之有一技之长，稳定务工就业，有计划推进职业农民培训，培养技术性职业农民，推进特色产业发展。地方政府依法制定出相关的工商、信贷、市场管理等方面的优惠政策，鼓励引导自主创业，带动产业就业发展。

对因病、因残、缺劳动力贫困户，强化兜底政策。黄山村有李官侃、李平娃、南良良、王彦斌等四户贫困户以及孙书山等非贫困户，或因病，或因残，或年迈体弱而丧失劳动力，低保、养老、残补是家庭主要的收入来源，需要对低保等级予以升级，由现在的 C 级升为 B 级或 A 级，筑牢兜底政策底子，保证基本生活需要，防止返贫。

总之，后续帮扶重心是培育发展产业，促进就业，稳定收入来源，增加收入。

静夜思之基层组织建设

基层组织是贯彻落实党的方针政策，直接服务人民群众的战斗堡垒。基层组织的强弱直接关系基层党和党的事业发展与人民群众福祉，配强建好基层组织的极端重要性、紧迫性、持续性不言而喻。

在脱贫攻坚伟大实践中，基层组织发挥着重要作用，基层党员干部和基层组织普遍得到锤炼加强，但基层组织建设中也存在许多仍待加强改进之处。

农村党员老龄化普遍，观念陈旧，知识老化，技能水平较低，不能更好地发挥党员带动作用，亟待培养吸纳优秀分子加入党组织，充实基层组织力量，带领群众脱贫致富奔小康，为党的伟大事业持续奋斗。

在农村需培养爱农村、懂农业、会管理、善经营的年轻党员成为基层组织的中坚力量，否则后继乏人，严重影响农村农业发展。缺乏扎根乡村的优秀年轻党员正是普遍问题。基层组织成员学习不够扎实，有些党员干部对学习不重视，不愿学，农村党支部书记也没有学在前，学深悟透，做表率。基层党员的学习教育要融入重点工作，要在重点工作推进中学习、体悟、提高。党员应在实践中锤炼提高党性，增强为民情怀。不忘初心，牢记使命的主题教育应该更扎实持久推进。特别是基层组织中的党员干部，要内化于心，外化于行，体现党员干部的先进性、纯洁性，在工作实践中树立先进典型，创新党员带贫益贫机制，实现共同富裕。

战疫情　保春耕

2020年初，一场"新冠肺炎"疫情突如其来。在党中央统一坚强领导下，按照"坚定信心、同舟共济、科学防治、精准施策"总要求，全国上下迅速打响新冠肺炎疫情防控人民战、阻击战。

疫情就是命令，防疫就是责任。黄山村在地方党委政府的统一指挥下，迅速行动，两天内建起疫情防控值班板房。村支书马平娃亲自安排，统一调度，迅速组建起疫情防控专班，由村干部带班，清洁员、护林员等公益岗位人员轮流值班，采取张贴资料、广播入组、干部上门等方式，广泛动员宣传，要求全体村民高度重视，科学防控，服从管理，共同做好防控。村里定期组织清洁员分区域喷洒消毒液，防控检查站24小时值守，严控人员出入。2名武汉返乡人员居家隔离，由支书马平娃、共产党员李改宪值守监控，村医郭焕珍每天定时上门测量体温并及时上报，疫情防控有力有效。

疫情防控中，黄山村村民共产党员王涛，入党积极分子马儒龙、马鹏博等慷慨解囊，向村里捐赠84消毒液、口罩及方便面等物资。西北大学非常关心黄山村的疫情防控，党委常委、副校长常江多次通过驻村干部了解黄山村的疫情防控情况，了解物资需求，指导科学防控疫情。在学校防疫物资十分紧张的情况下，第一时间向黄山村捐赠价值3万余元的胶原蛋白等防疫物资，送来"西大人"的关心关爱。驻村干部严格遵守疫情防控规定，我每天与村支书马平娃保持联系，了解疫情动态、防控进展和群众的生产生活。"大家都很守规定，不串门、不聚集，村里每两天消毒一次，群众家里有吃有喝，生活没有问题。"马支书坚定而自信的回答，让我放心许多。我也通过微信、电话先后与76户村民联系，告诉他们一定勤洗手，别串门，不要扎堆聚集，听从村里的防控管理。"家里有吃的吗？身体咋样？孩子回来了吗？务工的走了吗？""不要紧张，多保重身体，不误农时，多种些土豆，特别是在闲置土地里多种些菊芋……"这是我和大家说的最多的话。"老陈，我都没有问候你，你还惦记着我们，谢谢你的关心，你也多注意身体。"这是群众最朴实的回答。

疫情对群众生产生活的影响是必然的。我们一方面抓紧抓好疫情防控，另一方面紧急动员推进春耕备耕。目前有春节返家的务工人员因疫情暂无法返岗外出的有利条件，和村干部沟通后，由村干部广泛动员，加大土豆、菊芋种植，及时果断补足短板。经商议后，由西北大学出资为群众紧急免费提供1000余斤菊芋种子，通知继续执行2019年每亩100元奖补政策支持，大力度支持推进菊芋种植。截至3月中旬，已种植菊芋230余亩，实际新增种植面积70余亩。菊芋产业是商州区着力支持推进的脱贫产业，2019年黄山村实际种植168亩，亩产量3000斤以上，政府以每斤0.6元的价格敞开收购，每亩可收入2000元以上。菊芋产业已成为一个适应本地自然条件、作物管理简单、定点收购不愁卖的脱贫富民产业。

2月11日，我通过微信请求养牛大户、共产党员李改宪帮忙入户与全村牛羊养殖户座谈，商议种草意愿和草种需求数量。老李非常认真，当天就把需求数量发给我，共11户200公斤。我及时与过去供草种的北京公司的张风友经理联系，落实进购发货事宜。受疫情影响，3月8日催促发货，3月15日货到，16日通知牛羊养殖户领取甜高粱草种。第二天 8 时许,大家陆续到达领取现场,按事先统计数量逐一分发。"老陈,你老家伙好,原以为今年没戏了,这个草种了好,爱吃!冬春不怕了……"一组老党员袁书通说道。同时,我联系落实商州区林业局退耕还林项目,由村支书协调推进。因疫情需要,征得主管方同意,采取边申报边实施的办法,截至 3 月中旬,已实施退耕还林 300 余亩,夯实长效产业。

2 月 24 日,得知商州区撤销关卡允许返岗的消息,我便于 2 月 25 日搭乘陕西物流集团驻商州区北宽坪工作队战友的私家车,一起返岗到村开展工作。这一待就是 25 天。我入户走访,了解民情,参与农户田间劳动,以实际行动推进春耕生产。同时我调研统计农户产业发展意愿、规模和短板问题。经调研统计,黄山村已实际栽植药材 21 亩、苗木 31 亩、土豆 200 余亩、菊芋 230 余亩,已出售菊芋 2 万余斤、生猪 32 头。群众发展产业意愿强烈,2020 年度,计划新增土蜂 150 箱、鼯鼠 150 只、散养土鸡 1.29 万只、牛 13 头、羊 84 只、猪 108 头,脱贫产业方兴未艾,群众发展产业的劲头更足了。25 天里,我看到的不仅仅是"春风催绿芽芽新"的春色,也有"苍穹明镜悬,柴火御寒暖"的春夜,更有占民、卫卫等出售生猪的场景,卫苗、小红、红界等搭建鸡舍,红彦、改宪等深翻土地准备种草,天佑、天年、开运等栽植连翘的忙碌身影。

虽然商州区已脱贫摘帽,但脱贫工作不是终点,而是新起点,脱贫一线的同志们不停歇、不大意,扎实开展"三排查三清零百日行动",全面排查,如期完成脱贫任务清零、整改任务清零、漏点短板清零,以"咬定青山不放松"的韧劲、"不破楼兰终不还"的拼劲,坚决完成脱贫攻坚各项任务,取得最后的全面胜利。

附录一

扶贫工作大事记

（1999.4 — 2019.12）

1999年4月29日　开始在合阳县皇甫庄镇皇甫庄村投身"两联一包"扶贫工作；

1999年9月　组织培训皇甫庄中心小学教师60多人次；同年，捐赠办公、教学器材若干；

2000年3月　组织苹果产业培训指导，发展苹果产业，个人获农业部三等奖；

2002年3月　转战商洛市商州区沙河子镇看山寺村；

2003年6月　捐建看山寺希望小学落成；配备所有桌凳、电脑等办公、教学教育器材；

2003年8月　组织西北大学大学生暑期社会扶贫三下乡活动；

2004年3月　引进欧洲大樱桃，援助看山寺欧洲大樱桃25亩产业示范园建成；

2004年5月　捐建日产5吨的面粉加工厂落成投产，解决包括邻近村4000余人的磨面难问题；

2004年6月　西北大学捐建铜川市王益区安村小学教学楼落成；

2004年8月　组织西北大学大学生暑期社会实践活动，获得团省委表彰；

2004 年 9 月　组织教师培训 50 多人次；

2005 年 3 月　组织中药材技术培训，捐建欧洲大樱桃 25 亩产业示范园；

2005 年 8 月　组织西北大学大学生暑期社会实践活动；

2006 年 5 月　西北大学大学生商州社会实践基地挂牌成立；

2006 年 8 月　组织西北大学大学生暑期社会实践活动；

2007 年 3 月　转战商州区大荆镇兴龙村；

2007 年 3 月　主编《基层专家苹果优质高效生产技术》，由陕西科学技术出版社出版；

2007 年 9 月　组织发展中药材生产；组织核桃技术培训；

2008 年 4 月　组织村民到杨凌学习核桃皮接技术；

2008 年 6 月　西北大学捐建兴龙村小学校舍落成；捐赠桌凳等教学及体育器材；

2008 年 7 月　组织西北大学大学生暑期社会实践活动；

2009 年 5 月　西北大学工会组织开展"情系山区，奉献爱心"活动；

2010 年 9 月　西北大学工会组织第二次"情系山区，奉献爱心"活动；

2011 年 5 月　出资修建兴龙村通村路；

2011 年 11 月　西北大学工会组织第三次"情系山区，奉献爱心"活动；

2012 年 3 月　转战西荆镇黄山村；

2012 年 9 月　捐资修建通组沙石路；

2013 年 5 月　捐建"黄山村党群活动中心"落成；捐赠桌椅、文件柜等；

2014 年 5 月　西北大学派驻黄山村第一书记到岗；

2014 年 7 月　黄山村识别贫困户 142 户 466 人；

2015 年 3 月　启动核桃、樱桃科管；

2015 年 6 月　捐赠黄山村安装路灯 55 盏；奖补养殖户；

2015 年 8 月　资助黄山村大一新生 13 名；

2015 年 10 月　出资举办黄山村第一届重阳节活动；

2016 年 3 月　继续推进核桃、樱桃科管；奖补养殖户；

2016 年 8 月　资助黄山村大一新生 13 名；

2016 年 9 月　争取国家邮政总局支持，硬化黄山村四组通组路；

2016 年 9 月　完成派驻黄山村第一书记交接，刘晓宇到岗；

2016 年 10 月　出资举办黄山村第二届重阳节活动；

2017 年 4 月　陕西省脱贫攻坚整改开始；启动黄山村林下散养土鸡试验养殖；

2017 年 5 月　西北大学党委书记王亚杰一行深入黄山村调研指导；

2017 年 6 月　完成贫困户重新识别，黄山村 120 户 477 人；

2017 年 8 月　奖补养殖户、种植户；

2017 年 9 月　西北大学党委书记王亚杰一行深入黄山村调研指导脱贫攻坚工作；

2017 年 9 月　西北大学校长郭立宏一行深入黄山村调研指导，并资助黄山村大一新生 8 名；

2017 年 9 月　第一书记交接，新任第一书记陈小刚到岗；

2017 年 10 月　获陕西省教育系统"我身边好老师"称号；

2017 年 10 月　西北大学医院黄山村义诊；

2017 年 10 月　争取商州区黄山村饮水改造项目合同签订；出资举办黄山村第三届重阳节活动；

2017 年 11 月　西北大学党委书记王亚杰、校长郭立宏分别带领各处室负责人到黄山村开展结对帮扶工作，结对帮扶 33 户；

2018年3月　西北大学党委副书记、副校长贾明德出席陕西省委办公厅联商扶贫团联席会议；

2018年3月　核桃、樱桃科管继续推进；林下散养土鸡示范养殖启动；争取药用皂角项目200亩；

2018年4月　获"（敬业奉献）陕西好人"称号；

2018年5月　黄山村生猪肉直供西北大学学生食堂；举行扶志扶智表彰；

2018年5月　举行黄山村集体经济签约仪式，西北大学校长郭立宏、副校长常江一行出席，并为"黄山村生态养猪专业合作社""黄山村绿健特生态养殖专业合作社""少黄山生态种植专业合作社""黄山村互助资金协会"揭牌；

2018年7月　西北大学副校长常江一行深入黄山村调研指导产业脱贫、消费扶贫工作；

2018年7月　参加陕西省扶贫培训学习，并为学员培训，展开交流；

2018年8月　应邀为汉中市全市驻村工作队队员培训；

2018年8月　应邀为陕西省高教系统驻村工作队队员培训；

2018年8月　西北大学校长郭立宏、副校长常江一行到黄山村指导，并资助大一新生13名，高一、初一新生20名；

2018年8月　完成黄山村101户贫困户食用菌认领；

2018年10月　黄山村优质农产品参加西北大学消费直通车销售活动；

2018年10月　西北大学医院黄山村义诊；举办黄山村第四届重阳节活动；

2019年1月　西北大学党委书记王亚杰带领7位常委深入黄山村检查指导，表彰优秀返乡创业青年；

2019年3月　联合农林卫视在黄山村举办技术培训，卫视现场直播；

2019年4月　获"（敬业奉献）中国好人"称号；

2019年6月　西北大学捐赠黄山村中华土蜂50箱，副校长常江出席，并举办中蜂养殖培训；

2019年7月　西北大学党委副书记孙国华带领历史、遗产及机关、直属、法学、外语、附中、附小等党委到黄山村开展结对帮扶工作；

2019年8月　西北大学党委副书记雷忠鹏，纪委书记李邦邦，副校长王尧宇、王正斌、常江、赖绍聪、奚家米等带领文博、信息、艺术、物理、食品、化学、化工、经管、公管、生科等学院党委负责人到黄山村开展结对帮扶工作；

2019年8月　西北大学医学院联合附属医院、附属第一医院黄山村义诊；

2019年10月　黄山村参加西北大学农产品直销活动；

2019年10月　举办第五届黄山村重阳节活动；西北大学医院黄山村义诊；

2019年10月　主编《特色农业管理技术手册》，由西北大学出版社出版；

2019年12月　西北大学校长郭立宏、副校长常江一行深入黄山村调研指导，并资助大一新生4名，高一、初一新生11名；

2019年12月　西北大学纪委到黄山村实地检查驻村帮扶工作；

附录二

黄山村贫困识别精准帮扶与脱贫退出

　　脱贫攻坚是最大的政治任务，最大的民生工程。我们四支队伍，在商州区委政府统一领导下，不忘初心，牢记使命，坚持学深悟透习总书记扶贫重要论述，武装头脑，指导实践；静下心，扑下身，坚持把握精准识别、精准帮扶、精准退出要义，力求"工作务实，过程扎实，结果真实"。经过六年多的努力，黄山村基础设施、村容村貌、村民精神面貌得到了极大改善，"两不愁三保障"突出问题得到有效解决，贫困发生率由47.4%降至2.02%，黄山村脱贫攻坚工作取得了决定性胜利。

一、精准识别

　　2014年，黄山村识别贫困户142户466人；2017年，按照陕西省统一安排部署进行了贫困户数字清洗，重新识别，按照"十不进、十不退"标准，严格遵照入户调查、入户核实、组评议公示、村评议公示、报大荆镇政府审核公告、商州区攻坚办报备等程序，重新识别贫困户120户477人，贫困发生率为47.4%。同时规范建立了120户贫困户档案和村级档案。此后三年间，对贫困户、贫困人口进行动态调整，每年度根据死亡、新生、迁入、迁出情况，调整人口变化。2018年，贫困户周卫卫当选村主任,根据相关政策,自然退出贫困户,计1户5人。2019年度,经个人申请,组村评议公示,新增贫困户2户8人。至此,黄山村贫困户121户469人。

二、精准帮扶

1. 入户调查研判,理清致贫原因是精准帮扶的基础。经反复入户调查研判,120户贫困户中,缺劳动力17户,约占14%;缺技术18户,占15%;因病38户,约占32%;因残10户,约占8%;因学14户,约占12%;缺资金23户,约占19%。如图1所示。

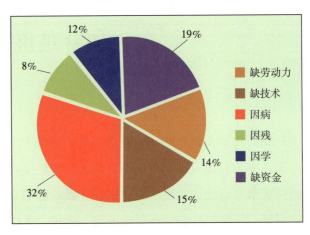

图1 黄山村贫困户致贫原因统计分析图

2. 紧盯脱贫目标,着力解决"两不愁三保障"突出问题,补短板,强弱项,确保"两不愁三保障"达标。

(1)安全住房。2017—2019年经个人申请,入户调查核实、镇政府核查,全村贫困户中已有80户享受易地扶贫搬迁政策,分别安置于西荆安置点、商州区刘湾、杨峪河安置小区,约占贫困户总数的66%;危房改造2户6人,约占2%;修缮及提供公益房安置6户13人,约占5%;其余贫困户住房均进行安全鉴定,均达到B级及B级以上,约占27%。贫困户住房全村安全达标。如图2所示。

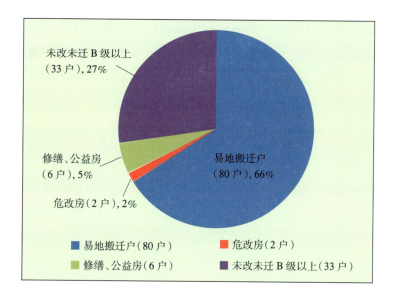

图 2　黄山村贫困户安全住房情况

（2）安全饮水。黄山村饮水为自流泉水、集中供水，经鉴定水质达标安全；2017 年对三至七组饮水设施、管网进行了改造，西北大学又出资改造了二组 12 户 38 人饮水；2018 年对全村水井进行普查，绘制坐标位置图。在春季干旱、冬季雪冻等特殊情况下，饮水出现短期季节性缺水，但饮水率达 98% 以上，井水取水往返不超过 20 分钟，垂直距离不足 10 米，经鉴定，黄山村饮水安全达标。

（3）义务教育。全村贫困户义务教育学生阶段的学生，全部在校就读，小学 62 人，初中 27 人，高中 5 人，留守学生 6 人，无一人辍学，在校学生均享受"两免""两免一补""一免一补"等相关政策。同时，西北大学坚持资助各级各类学生，关爱留守儿童，助力教育成才，拔掉穷根，阻断贫困代际相传。

（4）健康扶贫。全村贫困户年度缴纳农合疗大病保险 100%，享受签约村医服务；西北大学签约医生逐月诊疗，提供健康服务指导，同时西北大学医院提供义诊医疗服务，进行健康指导；贫困户住院合规费用报销享受四重保障、一站服务,合规报销比例达 80% 以上。

(5)产业帮扶。始终把培育发展脱贫产业作为脱贫根本途径。从 2018 年始,已有 115 户贫困户享受投劳光伏产业分红 55.2 万元;投劳食用菌 101 户,分红 30.2 万元;享受特色产业政策奖补 23.195 万元,推进养殖、种植等脱贫产业稳定发展。如图 3 所示。同时,对全村现有 260 亩核桃、近 100 亩樱桃进行全程科管。探索"党支部+合作社+贫困户"产业脱贫模式,构建带贫益贫长效机制,推动黄山村集体经济发展。

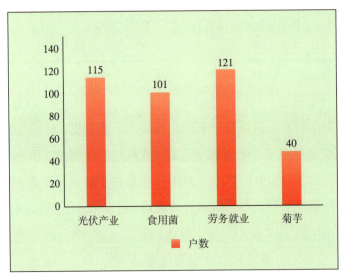

图 3 黄山村脱贫产业图

(6)就业脱贫。一人稳定就业,全家脱贫。据不完全统计,截至 2019 年底,无劳动力 11 户,剩余 110 户贫困户中均有劳动力,或在外务工,或在本村打零工及从事养殖种植生产。据调查,在外务工者多数为普通工种,缺乏技能。如图 5 所示。对此,选优选配公益岗位 15 人,西北大学校设公益岗位 1 个;根据需求针对性开展技能培训,结合特色产业需要,强化技术培训与生产指导,促进就业和产业发展。

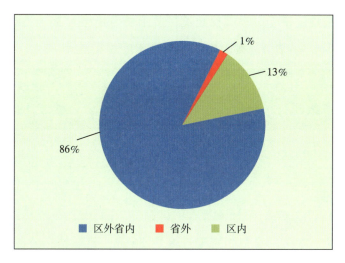

图 4　黄山村贫困户就业区域分布情况

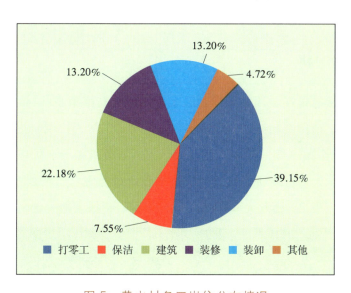

图 5　黄山村务工岗位分布情况

（7）兜底政策。常态化入户宣传脱贫政策，精准落实贫困户兜底政策，动员调整落实低保政策。2017—2019 年，经动态调整后，低保户 41 户 122 人，分别占贫困户（人）的 33.88% 和 26.01%，如表 1 所示；同时，按政策规定享受分类施保政策；贫困户中残疾人 36 户 38 人。

表 1　黄山村低保政策年度落实统计

低保户等级	2017 年		2018 年		2019 年	
	户数	人口数	户数	人口数	户数	人口数
C 级	13	30	6	22	31	101
B 级	1	2	1	5	7	13
A 级	0	0	0	0	3	8

（8）生态扶贫。全村生态搬迁 8 户 36 人，已装修；公益林补偿贫困户 90 户，共 602.5 亩，年补偿资金 4729.63 元；护林公益岗位 9 人，每人月收入 500 元。

三、驻村帮扶

（1）领导重视。西北大学、区水产站领导高度重视驻村帮扶工作，率先示范，亲自谋划部署，经常深入黄山村，走村入户调研指导。据统计，2017 至 2019 年三年间，西北大学先后有校级领导、处级负责人和师生约 391 人来村调研指导、消费扶贫和结对帮扶。如表 2 所示。

表 2　西北大学历年入村参与调研帮扶人数统计

级别	年度		
	2017 年	2018 年	2019 年
厅级	5	12	18
处级	8	15	35
师生	10	8	280

（2）驻村帮扶。西北大学选派 2 名同志坚持驻村帮扶，同时区水产

站亦有 2 名同志驻村帮扶。与村两委会、包扶干部一起组成四支队伍，形成工作合力，宣传落实脱贫政策、推进基础设施建设、精准落实"八个一批"政策和引导培育发展产业、公益事业。遵守工作纪律，扎实开展帮扶工作，助推高质量稳定脱贫。

（3）项目推进。西北大学每年单列扶贫资金，列入年度刚性预算，实行项目化管理和报账制，全面补足短板，强弱项，着力解决"两不愁三保障"突出问题，增加收入，确保达标脱贫。如表3所示。

表 3　西北大学帮扶黄山村项目统计

项目	年度		
	2017 年	2018 年	2019 年
基础设施	3	8	3
饮水	1	6	1
教育	2	3	3
住房	0	2	8
产业	5	6	5
结对帮扶	33	12	33
公益事业	3	4	3

（4）教育资助。资助学生，促进教育成才，成就个人人生梦想，实现全家脱贫，拔掉穷根。每年本科新生资助3000元，专科新生资助2000元，高一、初一新生资助1000元，校长亲自兑现，鼓励孩子们好好学习，努力成为国家有用之才。据统计，2015至2019年五年间，共资助各级各类学生82人次，其中大专以上学生51人次。如表4所示。

表 4　西北大学教育资助统计

	年度				
	2015 年	2016 年	2017 年	2018 年	2019 年
大学本科	7	8	7	5	3
大学专科	6	5	1	8	1
高中	0	0	0	8	6
初中	0	0	0	12	5

（5）发展产业。科管原有核桃、樱桃、中药材、养殖等传统产业等，奖补养殖、中药材产业，因地制宜推进新产业，已新发展药用皂角、花椒、林下散养土鸡等产业，着力培育脱贫发展产业，夯实稳定脱贫基础。如表 5 所示。

表 5　黄山村脱贫产业（新增）统计

项目	年度		
	2017 年	2018 年	2019 年
牛（头）	6	13	27
猪（头）	27	68	55
羊（只）	68	60	89
花椒（亩）	0	60	0
菊芋（亩）	0	0	204
皂角（亩）	0	190	0
鸡（只）	4000	7000	10000
中药材（亩）	0	23.94	34.80
鼯鼠（只）	0	200	100

（6）扶志扶智。始终把扶志扶智、激发贫困户内生动力，抓实抓好。通过入户宣传教育、产业带动发展、就近务工、难题化解、公益事业感化、表彰奖励等形式，促进观念转变，内化于心，外化于行，做好"动"文章，全村人人都动起来了，懒散和等靠要的人极少。

（7）公益事业。从党群活动中心、三委会办公室、路、桥、水、路灯、卫生室等基础设施，到住房修缮、饮水改造、环境整改、村民联欢、重阳节活动等，多层次、多方面、多方式推动公益事业发展，推进物质文明、精神文明和生态文明持续向好。

（8）技术培训。主要是产业需要、常态化技术培训与生产指导。2017—2019年累计培训13场次近600人次。

（9）结对帮扶。西北大学党委安排校内各二级单位、各处室负责人牵头，动员各单位参与帮扶，2017—2019年，共结对帮扶72户，发放产业资金7.6万元。

（10）消费扶贫。常态化举办年货节、销售直通车、展销会、直接采购等活动，将黄山村猪、土鸡、核桃、时令蔬菜、豆腐等优质农产品进校销售，三年累计完成销售额达31万元。

（11）监督检查。西北大学纪委、监察处每年来黄山村检查驻村脱贫工作，入户走访群众，掌握了解驻村工作纪律、工作扎实程度、工作成效和干部群众满意度，强调扶贫工作纪律，明确底线红线。驻村干部定期汇报脱贫工作，自觉接受监督。

（12）工作亮点。① 创新推进"五动工作法"，即"真情感动、产业带动、资金融动、技术驱动、奖励促动"，力求帮扶过程扎实，结果真实。② 突出"教育"和"产业"帮扶两个重点。③ 编印《黄山村脱贫攻坚口袋书》，编写出版《中蜂养殖技术》《特色农业管理技术手册》。着力构建一支"想得起，找得着，靠得住，用得上"的技术扶贫队伍，推动产业发展。

（13）表彰奖励。驻村第一书记陈小刚 2018 年被评定为优秀；驻村工作队队长陈伟星连续 3 次被省市区考核为优秀，先后获得陕西教育系统"身边好老师"，"（敬业奉献）陕西好人""（敬业奉献）中国好人"称号。新华社、《光明日报》《陕西日报》、陕西电视台等中省媒体予以宣传报道。

四、精准退出

贫困户退出严格按照"两不愁三保障"脱贫标准，经村入户调查研判、镇入户核实、区入户核查、民主评议、公示等规范程序执行。2017 年脱贫退出 16 户 62 人，2018 年脱贫退出 64 户 283 人，2019 年脱贫退出 33 户 110 人，2020 年将脱贫退出 9 户 19 人。

五、存在问题

1. 四支队仍需要加强管理，严明工作纪律，切实形成工作合力，全面决战决胜脱贫攻坚战。

2. 严格落实"四不搞"政策，强化责任，着力提高脱贫质量，防返贫。

3. 着力强化"产业""教育""就业"后续帮扶，稳定收入来源，增加收入。

后　记

　　回忆二十一年扶贫路上的点点滴滴，记录所见所闻、所作所为，以及一路走来的心路历程，过往情景历历在目，时而悲切伤感，泪珠与笔墨齐下，时而心潮澎湃，忍不住高歌一曲。以札记形式记录过往，其一是记录自己参与扶贫，特别是参与脱贫攻坚伟业的历程，方便日后回忆；其二是希望读者通过这些真实的经历，能更深入而真切地了解扶贫工作，尤其希望千万西大学子，可以体悟西北大学践行服务社会、造福人民的初心使命，在脱贫攻坚中的责任担当，深刻了解当今中国农村农民的现状，深刻理解党领导的脱贫攻坚，消除千年贫困的方略政策，深刻感悟举全党全国之力与贫困不懈斗争的动人故事，希冀激发学子们刻苦学习、报效祖国的决心壮志，练就真本领，将来脚踏实地投身于国家建设，奋斗出精彩人生！

　　二十一年扶贫，我感悟到个人价值取向应与所处时代合拍，应积极投身于国家重大任务之中，"功成不必在我，功成必须有我"，锤炼提升自己，贡献力量；个人是微小的，要做好做成一两件事，需要融入一个组织一个团队，从中汲取力量；承担起自己不同角色的责任，唯有尽责，方有收获；坚守梦想，慎终如始，持之以恒，唯有坚定坚持，方有成功希望；养成学习好习惯，孜孜不倦，学以致用，唯有将聪明才智与汗水洒向祖国大地，方有无悔人生。

　　从 1999 年 4 月至今，我仍然行进在与贫困斗争的路上，决战决胜脱贫攻坚，"一个不落"迈进小康社会。二十一年来，我先后帮扶渭南合阳、铜川王益、商洛商州三个区县的五个村，在黄山村时间最久，长达九年，花费心思最多，也与这里的干部群众感情最深。在黄山村经历了脱贫攻坚，并仍在最后冲刺。我对这里每户的家情了如指掌，对村民生产生活所需所求了然于胸，正在全力补短强弱，扶上马，送一程。黄山村已成为我的第二故乡，我深爱这里的山山水水和纯朴善良、勤劳勇毅的乡亲。这里的沟沟坎坎、一草一木对我来说都是那样的熟悉，我在这里经历了难忘的春夏秋冬。

　　黄山村的初春，冬雪渐消，坡坎上挂满迎春花，路边的杂草展露新芽。漫步乡间小道，春风拂面。2019 年春分日，午后骤降大雪，雪花纷飞，山坡上桃花正艳。桃花的花瓣在飘飞的大雪中片片落下，有一丝感伤，也别有一番韵味，我不由写下：

　　　　漫舞纷飞正春分，
　　　　片片无迹殒玉身，
　　　　润土御疾且有功，
　　　　桃花珠泪委芳尘。

　　春天里，各种野花次第开放，或路边，或坡头，或墙角，有黄色的，紫色的，红色的，有认识的，更多是不知名的。我独爱隐迹于杂草丛中的地丁花和蒲公英花，一个是蓝紫色，星星点点；一个是金黄色，张张笑脸。我用这样的小诗描绘她们：

　　　　躬身疾步越山岭，
　　　　金面笑迎蒲公英。
　　　　地丁花开草丛下，
　　　　坡坎小憩话清明。

这里春天的景致，是在爬坡过坎入户途中欣赏到的，有时欣喜地说给村民，他们不以为意，"这有啥哩？多的是"。美景在哪里？美景在心中。

2019年春，与以往感受不同的是漫山遍野的槐花，雪白雪白的，槐花香弥漫山谷。蜜蜂嗡嗡采蜜，远处林鸟嘻鸣。村民说今年槐花"成了"，采摘半开状的槐花，回家做槐花麦饭，真香。然而这样的美景随着一场春雨就消逝了。正是：

山肥苍翠新雨后，
林鸟声远村舍幽。
十里槐花香自溢，
天公垂怜解民愁。

尽管槐花凋谢了，有些惆怅，但可喜的是村民期盼好久的春雨来了！

夏天的黄山村，绿树成荫，松涛阵阵，早晚温差大，整个夏季非常凉爽。村民田间屋后的各种蔬菜生机勃勃，黄瓜、西红柿随手可摘，用水冲洗一下即可食用，着实是小时候的味道。山坡上随处可见各色各样的野花。蝴蝶很多，白色的，黄色的，黑色的……晴朗的夜晚，繁星满天，门前的山峦黑影绰绰。夏天见云就可能下雨，很奇怪。夏季雨总是很猛烈，有时狂风大作，大雨倾盆。但雨来得快，走得也急。雨后不多时，河道里就吟唱起来。

秋天的黄山村，村民开始忙碌收种，家家立起玉米架，处处可见新椒挂老墙。四季豆、绿豆、红豆、黄豆，陆续收获，晾晒剥粒，一派丰收景色。气候渐寒，早晚更凉，山坡上红叶点点，天高云淡。深秋，树叶凋零，铺在山路上，厚厚一层可以没足，有几分凄凉，真是"疾风山鸣夜疏林，枯黄没足秋寒深"。有时村民在院中燃起一堆火，三五人围坐取暖闲叙，不多时，前面烘得暖如三伏，后背凄凉似寒九。霜降过后没几天，树上的叶子已经落光，山坡上仅留下火红的柿子在寒风中摇曳，可惜无人收购，只能"鲜果陨落目含泪，花泥无悔待春芳"。

冬天的黄山村，如遇上大雪，可真是"山前千顷玉，林间琼花开"。清晨隔窗向外望，白雪皑皑，雪依然任性肆意地飘飘而下，路上已经积了一尺厚。翠绿的竹子不知何时已被雪压弯了腰，抖一下竹子，雪屑飞溅，竹子又昂然挺起。一场接一场的大雪，使备用的菜"弹尽粮绝"，只能吃酸菜咸菜了。房东老人晚上在火炉上热一壶酒，我们和他的儿子小酌几杯，暖身散寒。我们出不去，外面的人也同样进不来，消停，唯有一个冷字了得！正是：

　　寒夜风雪迎空来，
　　任性随触似花开。
　　意欲生火覆湿柴，
　　林鸟怨歌喉已塞。

雪是洁白的，可以装点粉饰世界，同样会把一些脏乱暂时遮掩，但脏乱经不起太阳，不几日，雪化后，原样依旧。

雪后晴朗的清晨，碧空如洗，空气格外清新，仿佛夹杂着雪融后泥土的气息，正在期盼着春的光临。

陈伟星

2020 年 3 月 29 日